WESTERN PHILOSOPHY IN SIMPLE FRENCH

Learn French the Fun Way With Topics That Matter

For Low- to High-Intermediate Learners (CEFR B1–B2)

by Olly Richards

Edited by Eleonora Calviello & Leonardo Vinueza
Dr. Lorenzo Testa, Academic Editor

Western Philosophy in Simple French: Learn French the Fun Way With Topics that Matter

FREE STORYLEARNING® KIT

Discover how to learn foreign languages faster & more effectively through the power of story.

Your free video masterclasses, action guides, & handy printouts include:

- A simple six-step process to maximise learning from reading in a foreign language

- How to double your memory for new vocabulary from stories

- Planning worksheet (printable) to learn faster by reading more consistently

- Listening skills masterclass: "How to effortlessly understand audio from stories"

- How to find willing native speakers to practise your language with

To claim your FREE StoryLearning® Kit, visit:

www.storylearning.com/kit

WE DESIGN OUR BOOKS TO BE INSTAGRAMMABLE!

Post a photo of your new book to Instagram

using #storylearning and you'll get an entry

into our monthly book giveaways!

Tag us **@storylearningpress** to make sure we see you!

BOOKS BY OLLY RICHARDS

Olly Richards writes books to help you learn languages through the power of story. Here is a list of all currently available titles:

Short Stories in Danish For Beginners
Short Stories in Dutch For Beginners
Short Stories in English For Beginners
Short Stories in French For Beginners
Short Stories in German For Beginners
Short Stories in Icelandic For Beginners
Short Stories in Italian For Beginners
Short Stories in Norwegian For Beginners
Short Stories in Brazilian Portuguese For Beginners
Short Stories in Russian For Beginners
Short Stories in Spanish For Beginners
Short Stories in Swedish For Beginners
Short Stories in Turkish For Beginners

Short Stories in Arabic for Intermediate Learners
Short Stories in English for Intermediate Learners
Short Stories in Italian for Intermediate Learners

Topics that Matter: World War II in Simple German

Topics that Matter: Western Philosophy in Simple Spanish

Topics that Matter: Western Philosophy in Simple French

Topics that Matter: Western Philosophy in Simple German

Topics that Matter: The Human Body in Simple Spanish

Topics that Matter: Rock'n'Roll in Simple Spanish

Topics that Matter: Revolutions of the World in Simple Spanish

All titles are also available as audiobooks. Just search your favourite store!

For more information visit Olly's author page at *www.storylearning.com/books*

ABOUT THE AUTHOR

Olly Richards is a foreign language exper t and teacher. He speaks eight languages and has authored over 30 books. He has appeared in international press, from the BBC and the Independent to El País and Gulf News. He has featured in language documentaries and authored language courses for the Open University.

Olly started learning his first foreign language at the age of 19, when he bought a one-way ticket to Paris. With no exposure to languages growing up, and no natural talent for languages, Olly had to figure out how to learn French from scratch. Twenty years later, Olly has studied languages from around the world and is considered an expert in the field.

Through his books and website, StoryLearning.com, Olly is known for teaching languages through the power of story – including the book you are holding in your hands right now!

You can find out more about Olly, including a library of free training, at his website:

www.storylearning.com

CONTENTS

INTRODUCTION

I have a golden rule when it comes to improving your level and becoming fluent in a foreign language: Read around your interests. When you spend your time reading foreign language content on a topic you're interested in, a number of magical things happen. Firstly, you learn vocabulary that is relevant to your interests, so you can talk about topics that you find meaningful. Secondly, you find learning more enjoyable, which motivates you to keep learning and studying. Thirdly, you develop the habit of spending time in the target language, which is the ultimate secret to success with a language. Do all of this, and do it regularly, and you are on a sure path to fluency.

But there is a problem. Finding learner-friendly resources on interesting topics can be hard. In fact, as soon as you depart from your textbooks, the only way to find material that you find interesting is to make the leap to native-level material. Needless to say, native-level material, such as books and podcasts, is usually far too hard to understand or learn from. This can actually work against you, leaving you frustrated and demotivated at not being able to understand the material.

In my work as a language educator, I have run up against this obstacle for years. I invoke my golden rule: "Spend more time immersed in your target language!", but when students ask me where to find interesting material at a suitable level, I have no answer. That is why I write my books, and why I created this series on non-fiction. By creating learner-friendly material on interesting and important topics, I hope to make it possible to learn your target language faster, more effectively, and more enjoyably, while learning about things that matter to you. Finally, my golden rule has become possible to follow!

Western Philosophy

Who are we? What is our purpose? What is beauty? What is justice? Mankind has been trying to answer these questions since the dawn of civilization! In fact, philosophy came about as the result of debating and trying to find the answers to these very questions.

Even if the answers continue to escape us, the conversations keep us coming back! From religion to science, and from art to ethics, the importance of philosophy is tremendous and the teachings of philosophers are still widely studied and debated today.

So, join the philosophical conversation… in French!

Western Philosophy in Simple French is the ideal companion to help those with an interest in philosophy improve their French. Not only will you learn the vocabulary you need to talk about the big questions of life in French, but you will also deepen your knowledge of the key concepts and teachings of Western philosophy.

The book is written in a simple, conversational style that is easy to understand, so you can enjoy learning about philosophy while improving your French naturally at the same time!

Informative, comprehensive, and reviewed at PhD level for academic accuracy, this book is the perfect way to improve your French while learning about Western philosophy.

HOW TO USE THIS BOOK

There are many possible ways to use a resource such as this, which is written entirely in French. In this section, I would like to offer my suggestions for using this book effectively, based on my experience with thousands of students and their struggles.

There are two main ways to work with content in a foreign language:

1. Intensively

2. Extensively

Intensive learning is when you examine the material in great detail, seeking to understand all the content – the meaning of vocabulary, the use of grammar, the pronunciation of difficult words, etc. You will typically spend much longer with each section and, therefore, cover less material overall. Traditional classroom learning generally involves intensive learning.

Extensive learning is the opposite of intensive. To learn extensively is to treat the material for what it is – not as the object of language study, but rather as content to be enjoyed and appreciated. To read a book for pleasure is an example of extensive reading. As such, the aim is not to stop and study the language that you find, but rather to read (and complete) the book.

There are pros and cons to both modes of study and, indeed, you may use a combination of both in your approach. However, the "default mode" for most people is to study *intensively*. This is because there is the inevitable temptation to investigate anything you do not understand in the pursuit of progress and hope to eliminate all mistakes. Traditional language education trains us to do this. Similarly, it is not obvious to many readers how extensive study can be effective. The uncertainty and ambiguity can be uncomfortable: "There's so much I don't understand!"

In my experience, people have a tendency to drastically overestimate what they can learn from intensive study and drastically underestimate what they can gain from extensive study. My observations are as follows:

- **Intensive learning**: Although it is intuitive to try to "learn" something you don't understand, such as a new word, there is no guarantee you will actually manage to "learn" it! Indeed, you will be familiar with the feeling of trying to learn a new word, only to forget it shortly afterwards! Studying intensively is also time-consuming, meaning you can't cover as much material.

- **Extensive learning**: By contrast, when you study extensively, you cover huge amounts of material and give yourself exposure to much more content in the language than you otherwise would. In my view, this is the primary benefit of extensive learning. Given the immense size of the task of learning a foreign language, extensive learning is the only way to give yourself the exposure to the language that you need in order to stand a chance of acquiring it. You simply can't learn everything you need in the classroom!

When put like this, extensive learning may sound quite compelling! However, there is an obvious objection: "But how do I *learn* when I'm not looking up or memorising things?" This is an understandable doubt if you are used to a traditional approach to language study. However, the truth is that you can learn an extraordinary amount *passively* as you read and listen to the language, but only if you give yourself the opportunity to do so! Remember, you learned your mother tongue passively. There is no reason you shouldn't do the same with a second language!

Here are some of the characteristics of studying languages extensively:

Aim for completion: When you read material in a foreign language, your first job is to make your way through from beginning to end. Read to the end of the chapter or listen to the entire audio without worrying about things you don't understand. Set your sights on the finish line and don't get distracted. This is a vital behaviour to foster because it trains you to enjoy the material before you start to get lost in the details. This is how you read or listen to things in your native language, so it's the perfect thing to aim for!

Read for gist: The most effective way to make headway through a piece of content in another language is to ask yourself: "Can I follow the gist of what's going on?" You don't need to understand every word, just the main ideas. If you can, that's enough! You're set! You can understand and enjoy a great amount with gist alone, so carry on through the material and enjoy the feeling of making progress! If the material is so hard that you struggle to understand even the gist, then my advice for you would be to consider easier material.

Don't look up words: As tempting as it is to look up new words, doing so robs you of time that you could spend reading the material. In the extreme, you can spend so long looking up words that you never finish what you're reading. If you come across a word you don't understand… Don't worry! Keep calm and carry on. Focus on the goal of reaching the end of the chapter. You'll probably see that difficult word again soon, and you might guess the meaning in the meantime!

Don't analyse grammar: Similarly to new words, if you stop to study verb tenses or verb conjugations as you go, you'll never make any headway with the material. Try to *notice* the grammar that's being used (make a mental note) and carry on. Have you spotted some unfamiliar grammar? No problem. It can wait. Unfamiliar grammar rarely prevents you from understanding the gist of a passage, but can completely derail your reading if you insist on looking up and studying every grammar point you encounter. After a while, you'll be surprised by how this "difficult" grammar starts to become "normal"!

You don't understand? Don't worry! The feeling you often have when you are engaged in extensive learning is: "I don't understand". You may find an entire paragraph that you don't understand or that you find confusing. So, what's the best response? Spend the next hour trying to decode that difficult paragraph? Or continue reading regardless? (Hint: It's the latter!) When you read in your mother tongue, you will often skip entire paragraphs you find boring, so there's no need to feel guilty about doing the same when reading French. Skipping difficult passages of text may feel like cheating, but it can, in fact, be a mature approach to reading that allows you to make progress through the material and, ultimately, learn more.

If you follow this mindset when you read French, you will be training yourself to be a strong, independent French learner who doesn't have to rely on a teacher or rule book to make progress and enjoy learning. As you will have noticed, this approach draws on the fact that your brain can learn many things naturally, without conscious study. This is something that we appear to have forgotten with the formalisation of the education system. But, speak to any accomplished language learner and they will confirm that their proficiency in languages comes not from their ability to memorise grammar rules, but from the time they spend reading, listening to, and speaking the language, enjoying the process, and integrating it into their lives.

So, I encourage you to embrace extensive learning, and trust in your natural abilities to learn languages, starting with… The contents of this book!

THE FIVE-STEP
READING PROCESS

Here is my suggested five-step process for making the most of each chapter in this book:

1. **Read the short key points summarizing the chapter.** This is important, as it sets the context for the whole chapter, helping you understand what you are about to read. Take note of the main points discussed in each sub-section and if you need to remember what you should be focusing on, go back to the key points section.

2. **Read the short chapter all the way through without stopping.** Your aim is simply to reach the end of the section, so do not stop to look up words and do not worry if there are things you do not understand. Simply try to follow the gist of the chapter.

3. **Go back and read the same sub-section a second time.** If you like, you can read in more detail than before, but otherwise simply read it through one more time, using the vocabulary list to check unknown words and phrases where necessary.

4. By this point, you should be able to follow the gist of the chapter. **You might like to continue to read the same section a few more times until you feel confident.** Ask yourself: "Did I learn anything new about Western philosophy? Were any facts surprising?"

5. **Move on!** There is no need to understand every word in each paragraph, and the greatest value from the book comes

from reading it through to completion! Move on to the next section and do your best to enjoy the content at your own pace.

At every stage of the process, there will inevitably be parts you find difficult. Instead of worrying about the things you don't understand, try to focus instead on everything that you do understand, and congratulate yourself for the hard work you are putting into improving your French.

A NOTE FROM THE EDITOR

Making philosophy accessible and understandable is a challenging task. Throughout the history of mankind, many important philosophers have asked themselves: "What is philosophy?" What is impressive is that almost every philosopher has a different answer to this apparently simple question. For some, philosophy should aim to clarify our thoughts about science and logic, while others claim that philosophy must tell us how to distinguish a wrong action from a right action. Some philosophers think that philosophy should have nothing to do with natural sciences, while others think that, without science, philosophy is nothing more than pure – and useless – speculation.

In this book, the reader will find an attempt to take into consideration many different points of view on philosophy. One thing most – if not all – philosophers would agree on is that, despite what many people think, philosophy is not an abstract subject full of difficult concepts. At some point during their lives, most people ask philosophical questions: "What is justice?" or "What is beauty?" People interested in scientific facts also ask philosophical questions: "What is a scientific revolution?" or "Are scientific laws discovered or invented by humans?" From a certain point of view, philosophy is inevitable. Philosophers are simply people who have chosen to dedicate their intellectual efforts to such questions.

One of the difficulties of philosophy is that we do not have "facts" to prove our theories. Philosophy, however, is very different from mere fantasy or nonsense. How, then, can we distinguish bad philosophy from good philosophy? This question is even more pressing if we consider that philosophers themselves disagree on the definition of philosophy. One way of answering this question is to rely on our reason. If our arguments are coherent, our concepts are clear, the premises we rely on are explicit, and our inferences are valid, then we are doing good philosophy. One risk linked to this thought is that philosophy is only rhetoric. This conclusion, however, can be resisted. Philosophers should not only build valid arguments; they also need to verify that their arguments are scientifically plausible.

No one should be afraid of asking philosophical questions; almost every enquiry is worth pursuing. One can wonder "What does a philosopher do?" or "Is philosophy useful?" When someone asks me these questions, the reply they usually get is the following. Consider an engineer who has the task of building a bridge. Simplifying the process, we could say that this engineer uses sophisticated calculations in order to achieve the desired result. The engineer would not spend his days wondering what the nature of numbers is or asking themself what kind of entity a scientific law is. If they did, they would not build any bridge. Are these questions completely futile? I would not say so. On the contrary, they often constitute the foundation of our knowledge. If engineers are not supposed to find an answer to these questions, then who should? Well, these are precisely the kinds of questions that philosophers are supposed to engage with.

In conclusion, not everyone wants to become a professional philosopher. Despite this, everyone will ask philosophical questions throughout his or her life. Being able to articulate our own thoughts is of fundamental importance, and philosophy can surely help us improve this skill.

Lorenzo Testa, PhD

PHILOSOPHIE : PORTES OUVERTES !

translated by Diane Sbihi

AVANT-PROPOS : TROIS PHILOSOPHES SURPRENANTS

Trois amis, Ingrid, Grégory et Émilie, ont choisi leurs cours pour le premier semestre de leur deuxième année à l'Université de Paris. Ils font des études différentes, mais ils ont tous une bonne raison d'étudier la philosophie.

Ingrid : J'ai hâte de commencer les cours. J'aurais préféré étudier la philosophie au lieu de la politique ! J'ai toujours voulu en apprendre plus à ce sujet.

Grégory : Pourquoi ? Tu trouveras un meilleur travail grâce à la politique. C'est **d'ailleurs** pour ça que tes parents t'ont obligée à étudier la politique, pas vrai ?

Ingrid : C'est vrai, mais j'ai toujours voulu étudier la philosophie. J'ai de la chance de pouvoir choisir un cours **facultatif** cette année, et j'ai de la place dans mon **emploi du temps**... Je suis ravie d'avoir enfin l'occasion de réfléchir à toutes ces idées philosophiques que j'ai lues auparavant.

Émilie : Moi aussi j'ai hâte de commencer les cours de philosophie. Je n'y connais rien du tout. Mais plusieurs personnes m'ont dit que c'était intéressant, alors j'ai voulu essayer. Je ne sais pas trop à quoi m'attendre.

Grégory : Pourquoi est-ce qu'un enseignant aurait besoin de philosophie ? Une fois diplômée, tu enseigneras l'histoire et la littérature. Ce sont tes spécialités, **il me semble** ?

Émilie : Ne sois pas si négatif, Grégory. Pourquoi tu t'es inscrit si ça ne t'intéresse pas, la philosophie ? Pour ma part, je suis curieuse et j'ai juste envie d'essayer.

Grégory : J'ai choisi ce cours seulement parce que j'ai besoin de points supplémentaires pour valider mon année, et le cours de philo était le seul qui correspondait à mon emploi du temps. Personnellement, je ne pense pas que ça me plaira. J'aime les **faits**, les faits réels et tangibles, pas les questionnements sans fin.

Ingrid : C'est pour ça que tu veux être journaliste.

Grégory : Exactement. Je ne peux pas écrire d'articles si je n'ai pas de faits !

Ingrid : Personnellement, je pense que ce sera très intéressant. Et quel meilleur endroit pour étudier la philosophie que Paris ? Jean Paul Sartre, Simone de Beauvoir, Michel Foucault, Jacques Derrida… Ils ont tous vécu ici. Nous sommes entourés par l'histoire de la philosophie.

Émilie : Notre professeur, Mr Aymard, a même assisté à certaines conférences de Sartre. C'est ce que j'ai lu dans sa biographie sur le site de l'Université.

Ingrid : Il doit être très âgé...

Grégory : Les idées que nous allons étudier sont aussi bien vieilles... Bon, allons au Café de Flore. J'ai envie d'un bon café et d'un bon gâteau.

Ingrid : Tu passes toutes tes journées au café ! Tu ferais mieux de prendre de l'avance sur tes **devoirs** !

Vocabulaire

d'ailleurs speaking of which
facultatif optional
un emploi du temps a schedule
il me semble i think
un fait a fact
les devoirs homework

PREMIÈRE PARTIE : L'HISTOIRE DE LA PHILOSOPHIE

CHAPITRE UN :
LA PREMIÈRE CLASSE

Ingrid, Grégory et Émilie **assistent à** *leur premier cours de philosophie. C'est une petite classe avec seulement une dizaine d'élèves. Mr Aymard fait de son mieux pour partager son enthousiasme avec les étudiants, mais Grégory n'est pas du tout convaincu et Émilie a encore quelques* **doutes**.

Professeur Aymard : Le philosophe Emmanuel Kant a dit : « Deux choses remplissent mon cœur d'admiration : le ciel étoilé au-dessus de moi et la loi morale en moi. » C'est ça, l'essence de la philosophie. Socrate, quant à lui, disait : « **L'émerveillement** est le **sentiment** du philosophe, et la philosophie commence par l'émerveillement. Il s'agit d'être inondé d'émerveillement et d'admiration pour le monde qui nous entoure. » C'est ce que je veux partager avec vous. Je veux que vous soyez tous remplis d'admiration pour le monde et ce qu'il contient.

Grégory : Mais Kant parlait d'astronomie, non ?

Professeur Aymard : La science et la philosophie sont étroitement liées. La philosophie nous aide à réfléchir profondément sur le monde qui nous entoure, le monde où nous habitons, ce que nous voyons, ce que nous ressentons, nos émotions, qui nous sommes. La philosophie pose les grandes questions sur la vie et l'univers. C'est ce que nous allons étudier dans les semaines qui viennent.

Ingrid : Et est-ce que nous étudierons aussi les philosophes qui se sont posé ces questions ?

Professeur Aymard : Bien sûr ! La meilleure façon d'apprendre la philosophie est d'explorer comment d'autres ont répondu aux questions que nous nous posons. C'est comme une conversation : Nous apprenons en parlant aux autres, même ceux qui ont vécu il y a longtemps. Nous commencerons par remonter aux origines de la philosophie. Elle est née chez les Grecs. Du moins, c'est chez eux que nous avons retrouvé les premières traces écrites de l'intérêt des êtres humains pour les questions que nous allons nous poser. Mais en réalité, les êtres humains **se sont** toujours **demandé** d'où ils venaient et pourquoi ils existaient.

Émilie : Mais des gens qui ont vécu il y a aussi longtemps peuvent-ils nous dire quoi que ce soit d'utile et de **pertinent** pour nous aujourd'hui ?

Professeur Aymard : Toute la **connaissance** que nous avons aujourd'hui repose sur des hypothèses très anciennes. Les idées du passé sont tout aussi importantes pour nous aujourd'hui qu'elles l'étaient à l'époque. Nous commencerons par les Grecs, et nous suivrons l'histoire de la philosophie jusqu'à nos jours. Nous verrons qu'il y a des milliers d'années, on se posait des questions qui sont toujours tout aussi pertinentes de nos jours.

Grégory : Ils n'ont pas trouvé de réponses à leurs questions ?

Professeur Aymard : La philosophie pose des questions qui n'ont pas de réponses définies. Qu'est-ce que la Liberté ? Qu'est-ce qu'une bonne vie ? Y a-t-il un Dieu ? Comment dois-je vivre ma vie ? Qu'est-ce que la beauté ? Qu'est-ce que la Vérité ? Ce sont des questions auxquelles on ne peut pas répondre comme on le ferait pour des questions scientifiques. Mais ce sont quand même des questions très importantes. On verra comment d'autres philosophes ont répondu à ces questions, et surtout, on apprendra à **réfléchir** à ces questions par nous-mêmes. Le but de la philosophie n'est pas nécessairement de trouver des réponses. Beaucoup de questions que nous nous posons n'ont pas de réponses. Mais ce qui compte, c'est comment nous réfléchissons à ces questions. Le but de la philosophie est de trouver les meilleures réponses possibles, pas nécessairement les réponses finales.

Ingrid : Il y aurait donc des façons de réfléchir correctes et des façons de réfléchir incorrectes ?

Professeur Aymard : C'est ça. Disons qu'il existe de meilleures façons de réfléchir pour arriver à de meilleures conclusions. Nous apprendrons comment les philosophes ont utilisé la logique pour élaborer de bons arguments et identifier les mauvais.

Grégory : Mais il n'y a donc aucun fait en philosophie ? Il n'y a que des opinions ?

Professeur Aymard : Grégory, vous parlez exactement comme le philosophe du XIXe siècle Friedrich Nietzsche. Il pensait comme vous, que seules les interprétations avaient de l'importance. Mais pour ma part, je ne dis pas que les faits n'existent pas, non. On essaie juste d'apprendre à réfléchir de la meilleure façon possible. C'est ce que vous apprendrez dans ce cours. Nous commencerons par l'histoire de la philosophie. Et nous nous intéresserons ensuite aux idées et débats actuels. Vous verrez que la philosophie est pertinente dans tous les domaines, de la politique à l'art en passant par la religion et l'environnement.

Grégory : Je sais déjà réfléchir. Ce qui m'intéresse, moi, ce sont les faits.

Professeur Aymard : Mais comment savez-vous que ces faits que vous défendez avec tant de conviction sont vrais ? N'y a-t-il pas eu une époque où presque tout le monde croyait que la Terre était plate et que si vous naviguiez trop près du bord, vous tomberiez dans le vide ? Ces gens n'étaient pas stupides. C'est juste que parfois, ce que nous percevons comme faits s'avèrent être différents de la réalité. Nous devons être prudents avec notre façon de réfléchir. C'est la raison pour laquelle l'étude de la philosophie est si importante. Ce qui compte, ce n'est pas seulement les faits, mais surtout notre manière de réfléchir et de raisonner, pour arriver aux conclusions les plus logiques. Nous avons beaucoup de matières à étudier et, au milieu et à la fin de ce module de philosophie, nous aurons deux examens pour valider ce que vous avez appris.

Grégory : On a besoin d'apprendre des faits pour pouvoir passer un examen !

Professeur Aymard : Vous constaterez que les examens de philosophie sont un peu différents des autres examens. Je vous présenterai un problème et vous devrez m'exposer les arguments d'autres philosophes. Ce seront « les faits ». Mais vous devrez également argumenter, de manière raisonnable et cohérente, pour arriver à votre propre conclusion. J'espère que vous apprécierez ce module qui changera peut-être même votre vie. On se voit vendredi en classe.

La classe se termine et Ingrid, Grégory et Émilie quittent la salle ensemble.

Grégory : Je ne crois pas que ça va me plaire.

Ingrid : Attends de voir ! Tu fais partie de ces personnes qui ne comprennent pas l'intérêt de prendre le temps de réfléchir. Que disait Mr Aymard ? « Une vie sans réflexion vaut-elle la peine d'être vécue ? »

Grégory : J'ai suffisamment réfléchi pendant ma vie. Ce ne sont pas des idées vieilles de milliers d'années qui vont changer ma façon de penser.

Émilie : Le semestre risque d'être très long pour toi...

Points clés :

- *La philosophie pose de nombreuses questions, mais son objectif principal est de prendre le temps d'en explorer les réponses. L'histoire de la philosophie est importante, car elle nous aide à comprendre ce que d'autres ont conclu sur des questions que nous nous posons également. Dans ce cours, Mr Aymard passera d'abord en revue l'histoire de la philosophie. Il examinera ensuite la pertinence et l'utilité de la philosophie de nos jours, en l'appliquant à des débats actuels sur l'éthique, la philosophie politique, l'esthétique et la religion. Nous verrons pourquoi la philosophie est aussi importante aujourd'hui qu'elle l'était dans le passé.*

Vocabulaire

assister à to attend
un doute a doubt
l'émerveillement awe, wonder
un sentiment a feeling
se demander to wonder
pertinent relevant
la connaissance the knowledge
réfléchir to think, reflect

CHAPITRE DEUX :
LES PREMIERS GRECS

C'est vendredi après-midi, et Ingrid, Grégory et Émilie sont au Café de Flore. Ils discutent ensemble de leur première classe. Ils viennent souvent travailler dans ce café, et le serveur, Robert, sait qu'ils étudient la philosophie à l'Université.

Robert : Salut les gars ! Comment ça s'est passé votre classe ?

Grégory : Bien.

Robert : Juste bien ? Vous n'étudiez pas la philosophie pourtant, ça doit être très intéressant. J'aimerais tellement assister à l'une de vos classes !

Grégory : Qu'est-ce que tu sais de la philosophie ? C'est juste un tas de questions sans réponses. Moi, je veux des faits !

Robert : Peut-être que j'en sais plus que ce que tu crois... Il te faudra trouver des réponses par toi-même. Installez-vous. Je vais vous apporter quelque chose à boire. Comme d'habitude ?

Ingrid : Oui, s'il te plaît.

Ils s'installent à leur table préférée, avec vue sur la rue.

Émilie : Est-ce que vous avez compris ce que Mr Aymard nous a expliqué aujourd'hui ?

Grégory : C'était absurde. Qui aurait pu croire que le monde était constitué entièrement d'eau, d'air, ou d'une substance appelée *Apeiron* ?

Ingrid : Ce n'est pas tout à fait ça. Les anciens philosophes grecs furent les premiers à chercher à expliquer l'origine de l'univers sans se baser sur les mythes et les légendes. Thalès pensait que le monde était constitué d'eau, Anaximène qu'il était constitué d'air, et Anaximandre qu'il était constitué d'une substance qu'il appelait *Apeiron*.

Émilie : C'était quoi *Apeiron* ?

Ingrid : C'est un mot grec qui veut dire « illimité » ou « indéfini ». Pour Anaximandre, *Apeiron* **faisait référence à** la réalité cachée de tout ce qui existait.

Grégory : Mais pourquoi est-ce que c'était si important pour eux ? Pourquoi est-ce qu'ils avaient besoin de définir exactement de quoi le monde était constitué ?

Ingrid : Parce que, jusque-là, tout le monde croyait que c'était les **dieux** qui étaient responsables de tout ce qui se passait dans l'univers. Mr Aymard a parlé d'Hésiode. Son œuvre *Les Travaux et Jours* est un exemple de mythe poétique. Et c'est exactement de ça que voulaient **se détourner** les premiers philosophes grecs.

Émilie : Un mythe poétique ? Une sorte de poème épique qui décrivait la naissance du monde ?

Ingrid : Oui, c'est ça. Les anciens Grecs se sont servis de la poésie pour expliquer la création du monde. Hésiode présente, entre autres, le mythe de Prométhée, qui a volé le **feu** aux dieux et l'a donné aux humains pour qu'ils l'utilisent. Il aurait été possible d'expliquer le phénomène du feu de manière scientifique, mais les anciens Grecs expliquaient toujours tout par la mythologie. Jusqu'à ce que les premiers philosophes aient commencé à interpréter les choses différemment.

Émilie : Ils ont été les premiers à rechercher des explications tangibles et observables. C'était finalement les premiers scientifiques. Tiens, Grégory, toi qui voulais des faits...

Grégory : Des faits qui ont du sens. Mais ça sert à quoi d'étudier des conclusions que nous savons être fausses ?

Ingrid : Parce que leur raisonnement n'était pas mauvais **en soi**... Nous savons que le monde est composé d'une partie invisible. Les anciens Grecs se trompaient peut-être sur ce que c'était, mais ils avaient raison de réfléchir à cet aspect-là. C'était un progrès incroyable ! Et aujourd'hui nous en savons beaucoup plus sur la façon dont l'univers est fait grâce aux questionnements de ces premiers philosophes. Rappelle-toi ce qu'a dit Mr Aymard : on base une chose sur une autre. Tu as toujours besoin de premiers **pas** avant de pouvoir faire un grand saut.

Grégory : « C'est un petit pas pour l'homme... ».

Ingrid : Exactement, « un grand pas pour l'humanité » !

Robert apporte les boissons et trois parts de gâteau au chocolat. Il aperçoit les notes d'Émilie dans son cahier ouvert.

Robert : Comme a dit Héraclite, nul Homme ne se baigne deux fois dans le même **fleuve**.

Grégory : Comment ça ? Si je saute dans la Seine aujourd'hui et je recommence demain, c'est toujours le même fleuve, non ? Je serais de nouveau mouillé et j'aurais de nouveau froid. Et qui est Héraclite ? Je ne me souviens pas que Mr Aymard en ait parlé.

Robert : Ce ne sera pas la même eau. Elle est constamment en mouvement. L'argument d'Héraclite est que les choses changent constamment. Rien ne reste immobile. Nous changeons d'une minute à l'autre. Tout progresse : nos vies, notre façon de penser... rien n'est plus comme avant.

Ingrid : Héraclite était mentionné dans la brochure sur le cours. Il croyait que le monde était constitué de feu et que tout changeait constamment. C'était pour lui comme un état de conflit constant, où le changement était constant et partout.

Robert : C'est ça. Imaginez un fleuve que vous voyez tous les jours, comme la Seine. Les eaux sont tout le temps en mouvement. C'est pareil pour le monde. Il y a un changement permanent, un mouvement constant. Rien n'est jamais pareil.

Grégory : Mais certaines choses ne changent pas. Les choses auxquelles je pense sont toujours les mêmes. Les choses auxquelles je crois sont aussi toujours les mêmes. Je suis toujours le même.

Robert hausse les épaules et sourit.

Robert : Vraiment ? Tes opinions ne changent-elles pas avec le temps ? Tiens, tes goûts par exemple : La première fois que tu es venu, tu as commandé une crêpe au caramel. Mais ça fait bien longtemps que tu n'en as plus commandé !

Grégory : J'avais envie de changer un peu...

Robert : Exactement !

Grégory : Oui, enfin, bref, ce n'est pas pareil. J'aime bien quand les choses sont claires.

Ingrid : Tu es drôle, Grégory. Ça ne t'intéresse pas d'en apprendre plus sur les origines de la philosophie et la façon dont nos ancêtres pensaient le monde ?

Grégory : Ça ne m'intéresse pas, puisque je sais qu'ils avaient tort. Ça va être un long semestre...

Robert retourne derrière le comptoir, et il revient quelques instants plus tard avec un bol d'olives.

Émilie : On n'a pas commandé d'olives, Robert.

Robert : Je sais, mais comme vous êtes des habitués, cadeau de la maison ! L'ancien philosophe grec Thalès aimait les olives. À tel point qu'il a réussi à prédire quand ils auraient la meilleure récolte d'olives, et il a acheté tous les pressoirs à olives dans sa ville pour le prouver. Il voulait réfuter les accusations de ceux qui disaient que les philosophes étaient inutiles, et il a réussi ! Il a aussi gagné beaucoup d'argent...

Ingrid : Excellent ! Comment il a fait ?

Robert : Il a observé le monde qui l'entourait. L'observation était **un atout** majeur qu'avaient ces philosophes. Avant Thalès, le succès des récoltes des olives était attribué aux dieux. Mais Thalès **s'est servi de** l'astronomie pour prédire le moment de la meilleure récolte des olives. Il a donc acheté tous les pressoirs à olives de la ville pour fabriquer de l'huile à partir de cette récolte. Il a même réussi, grâce à ses observations, à prédire une éclipse solaire. Il était très intelligent.

Grégory : Il faut vraiment beaucoup aimer les olives…

Robert : Et ça montre que la philosophie peut être aussi utile qu'amusante !

Grégory : Si tu le dis…

Points clés :

- *Les anciens philosophes grecs qui ont précédé Socrate, Platon et Aristote, furent les premiers à réfléchir sur l'univers sans faire référence à la mythologie. Ils croyaient qu'une source unique, l'eau, l'air, le feu ou une substance illimitée qu'ils appelaient Apeiron, était à la base de tout ce qui se trouvait dans l'univers. Leurs hypothèses étaient fausses, mais leur démarche était juste. C'est la raison pour laquelle on les considère comme les premiers philosophes. Ils ont analysé et observé le monde qui les entourait sans tenir compte des mythes et des légendes.*

Vocabulaire

faire référence à to refer to
des dieux gods
se détourner de to shift away from
le feu the fire
en soi in itself
un pas a step
un fleuve a river
un atout an asset
se servir de to use

CHAPITRE TROIS : SOCRATE, PLATON ET ARISTOTE : LES TROIS SAGES GRECS

Ingrid, Grégory et Émilie assistent à leur troisième classe. Ils iront ensuite au Café de Flore. Mr Aymard leur a donné des devoirs.

Professeur Aymard : Socrate, Platon et Aristote : trois noms unis pour toujours. Platon écrivit une grande partie de ce que Socrate enseigna, et il en utilisa une partie comme **porte-parole** de sa propre philosophie. Aristote produisit des ouvrages sur des sujets aussi divers que l'éthique, la zoologie et la poétique. *Eudaimonia*, le mot grec pour « bonheur » ou « épanouissement », est le but des humains, selon ces philosophes. J'espère que vous avez trouvé le cours d'aujourd'hui intéressant. Comme devoirs, j'aimerais que vous essayiez de cultiver une vertu ou une qualité qui vous caractérise, comme l'a enseigné Aristote. Souvenez-vous, il considérait que toute vertu avait un **manque** et un excès. Le courage par exemple. Son manque est la **lâcheté**, et son excès est l'**insouciance**. Ce devoir sera une expérience intéressante. Ça m'intéressera de connaître vos impressions. On a terminé la classe d'aujourd'hui. À la semaine prochaine.

Ingrid, Grégory et Émilie vont au Café de Flore pour boire un verre.

Robert : Salut les gars ! Vous venez d'un autre cours de philosophie ? Vous avez parlé de quoi aujourd'hui ? De Platon ?

Ingrid : Oui ! Comment tu as su ?

Robert : Vous avez commencé à étudier la philosophie dans la Grèce Antique, et je savais que vous n'alliez pas tarder à parler des célèbres trois sages grecs : Socrate, Platon et Aristote. Sans eux, la philosophie aurait été très différente aujourd'hui.

Émilie : Ah oui ? Dans quel sens ?

Robert : Le philosophe A. N. Whitehead, il me semble, a dit que toute la philosophie occidentale n'est « rien de plus qu'une note de bas de page ajoutée aux écrits de Platon ». Les dialogues socratiques ont défini l'idée même de la philosophie et ont abordé des questions fondamentales comme : « Qu'est-ce que la beauté ? », « Qu'est-ce que la vérité ? », « Qu'est-ce que la bonté ? ». Platon a écrit sur tout. Et Aristote fut l'un des premiers à développer un système éthique qui est encore contesté aujourd'hui, d'ailleurs. Il s'intéressait aussi à la science et à la logique.

Grégory : Oui, enfin... Ils n'ont fait que poser des questions sans donner de réponses... Notre devoir pour aujourd'hui est de développer une vertu. J'aurais largement préféré avoir à écrire une dissertation.

Ingrid : Ce sera amusant. Il y a de nombreuses vertus parmi lesquelles on peut choisir. Je pense que je vais essayer d'être plus modeste. J'ai quelquefois tendance à me vanter.

Émilie : Et moi, j'ai tendance à être arrogante parfois. Et je dois aussi arrêter de me préoccuper trop de ce que les autres pensent de moi.

Grégory : Je voulais écrire un article pour le journal de l'Université sur l'augmentation des frais de scolarité, mais j'avais peur de ce qu'allaient penser les autres... Je suppose que je pourrais faire preuve de courage et l'écrire. Ça compte ça, pour le devoir ?

Ingrid : Bien sûr ! Tu développeras la vertu du courage, et d'autres en tireront des bénéfices !

Tous les trois s'assoient à leur table habituelle, et Robert apporte les cafés et trois parts de gâteau au chocolat.

Émilie : Je n'aime pas comment Socrate posait toujours des questions mais ne donnait jamais de réponses.

Grégory : Ce n'est pas ce que font tous les philosophes ?

Émilie : Si, mais Socrate était différent. Il réussissait à obtenir les réponses qu'il voulait entendre, mais il ne donnait jamais sa propre opinion, même quand son interlocuteur changeait la sienne.

Ingrid : Mais tout ce qu'il disait était raisonnable, non ? Comme Thalès et les premiers philosophes grecs, il essayait de trouver des réponses sans se tourner vers les dieux ou la mythologie, bien qu'il ait certainement cru en une puissance supérieure. Il croyait que nous avions naturellement les réponses aux questions en nous, et qu'un questionnement approprié permettrait de faire émerger les réponses. C'est ce qu'on appelle la méthode socratique.

Émilie : Je vois... On a du mal à savoir ce que Socrate pensait vraiment, puisque c'est Platon qui a écrit tout ce qu'il disait. Et si tout ce que Platon a écrit n'était en fait que ses propres idées à lui ?

Inès : C'est une possibilité. Mais Platon était l'élève de Socrate. Ils avaient probablement des idées très similaires et ils réfléchissaient aux mêmes sujets. Et de toutes façons, les idées en elles-mêmes comptent plus que leur rédacteur. Jésus par exemple : il n'a jamais rien écrit, mais ses enseignements sont suivis par des millions de personnes à travers le monde. Platon avait tellement d'idées ! Il a même écrit un livre intitulé *La République* où il a expliqué que les philosophes devraient être rois.

Grégory : Wow, ça fait peur !

Émilie : Vous pensez qu'il sera nécessaire de connaître la méthode, pour l'examen ?

Ingrid : Je pense qu'il suffit de connaître la théorie des formes. Je sais que c'est une théorie bizarre, mais j'ai bien aimé l'idée que tout ce que nous voyons n'est qu'une **ombre** de la réalité. Comme quand on est dans une grotte, on ne voit que des ombres sur les murs, mais ce n'est que quand on sort à la lumière qu'on voit les personnes réelles. Ça me parait logique.

Grégory : Mais ce que nous voyons est bien réel. Ce morceau de gâteau n'est pas l'ombre d'un meilleur morceau de gâteau. J'aime ce gâteau, et je ne pense pas qu'il puisse être meilleur que ce qu'il est.

Ingrid : Et pourtant, on serait incapables de définir ce qu'est une part de gâteau parfaite. Il y a des éléments dans cette part de gâteau qui en font une part de gâteau, bien sûr. Sa forme aussi, est la forme d'une part de gâteau parfaite. Mais nous ne voyons pas les choses telles qu'elles sont réellement, nous ne voyons que des approximations. Cela peut paraître bizarre, mais même si ce morceau de gâteau a des similitudes avec d'autres gâteaux, il n'inclut quand même pas tous les autres gâteaux. Il en va de même pour la bonté, la beauté et la vérité. On peut les identifier vaguement, comme quand on observe par exemple un beau tableau ou un bon comportement. Mais le tableau ou le comportement ne sont pas, en eux-mêmes, la bonté ou la beauté. Nous ne voyons que l'ombre des choses, pas les vraies choses.

Grégory : Bien sûr que si, nous voyons les vraies choses. Ceci est une part de gâteau et elle est réelle. C'est comme la citation du fleuve, ça n'a aucun sens. Il n'y a pas tellement de formes idéales qui flottent autour de nous. Comment pourrions-nous identifier ce qu'elles sont, autrement ?

Émilie : Par la raison. Le gâteau par exemple : Il a une certaine apparence, un certain goût, certaines caractéristiques. Mais quand on regarde le comptoir du café, on voit qu'il existe une dizaine d'autres gâteaux différents. Ils sont tous légèrement différents, mais ils ressemblent tous à la forme du gâteau idéal qu'on a en tête. C'est comme ça que Socrate faisait raisonner les gens.

Grégory : Et dire qu'ils ont fini par l'empoisonner à la ciguë. Drôle de façon de dire merci !

Après avoir fini de nettoyer des verres dans la cuisine, Robert arrive pour prendre leurs assiettes et leurs tasses vides.

Robert : Ça vous a plu, le dialogue socratique ?

Grégory : C'est ancien tout ça, je n'y trouve rien de pertinent.

Robert : Vous n'avez pas étudié Aristote aussi aujourd'hui ? J'aime l'éthique de la vertu. Je trouve ça très logique. Trouver la *aurea mediocritas*, le milieu doré. Aristote était un philosophe remarquable, et tout l'intéressait. On disait à l'époque qu'il savait tout ce qu'il y avait à savoir.

Ingrid : J'ai bien aimé l'idée que toute vertu avait un excès et un manque. On peut être courageux, mais on peut aussi être téméraire et lâche. Il s'agit de trouver le juste milieu et de pratiquer sa propre vertu. C'est notre devoir pour aujourd'hui : cultiver une vertu. Aristote l'appelait le « juste milieu ». Chez Aristote, tout était question d'équilibre. C'est comme ça que les Grecs abordaient la médecine. Hippocrate, le père de la médecine moderne, défendait l'idée qu'il y avait quatre humeurs dans le corps, et qu'elles devaient toutes être en équilibre pour se maintenir en bonne santé. Aristote promouvait ce concept d'équilibre dans notre façon de vivre et de nous comporter. Si toutes nos vertus sont en équilibre, nous serons alors la meilleure personne que nous pouvons être.

Émilie : Elle ne t'a pas plu, cette idée, Grégory ?

Grégory : Si, si... J'ai bien aimé l'idée de pratiquer notre manière de nous comporter. Ça a du sens. Je ne peux pas devenir parfait tout de suite. Il faut que je pratique et que je m'entraine, mais parfois je commets des erreurs. Je suis fier de tout ce que j'accomplis, mais je sais que je peux être arrogant parfois. C'est la nature humaine.

Ingrid : Ce devoir te servira, du coup !

Robert : Est-ce qu'il y a un philosophe que tu apprécies plus particulièrement ?

Grégory : De tous, Aristote est celui que j'apprécie le plus jusqu'à présent.

Robert : Tu devrais aller faire une petite balade, alors.

Grégory : Pardon ?

Robert : Aristote adorait marcher. Ses élèves le suivaient et il leur enseignait en marchant. Comme le montre l'image dans votre manuel.

Grégory : Je suppose que je devrais rentrer à pied au lieu de prendre le métro. J'ai beaucoup de choses à réfléchir...

Peinture « L'école d'Athènes » de Raphael Sanzio, 1511

Points clés :

- *Socrate, Platon et Aristote étaient les philosophes socratiques. Socrate posait des questions intéressantes et contestait les hypothèses de ses interlocuteurs. Ces rencontres ont été décrites par Platon, un de ses étudiants, ce qui a jeté les grandes bases de la philosophie occidentale. On dit que la philosophie d'aujourd'hui n'est « rien de plus qu'une note de bas de page ajoutée aux écrits de Platon ». Platon s'intéressait à l'éthique, à la politique, à la justice, à ce que nous savons et à comment nous le savons. Son œuvre a inspiré le dernier des trois philosophes socratiques, Aristote. Aristote s'intéressait particulièrement à l'éthique. Il a développé une théorie éthique connue sous le nom d'« éthique de la vertu », et il fut l'un des premiers à développer l'étude de la logique.*

Vocabulaire

un porte-parole a spokesman, advocate, mouthpiece
un manque a lack
la lâcheté cowardice
l'insouciance recklessness
une ombre a shadow

CHAPITRE QUATRE : CYNIQUES, SCEPTIQUES, ÉPICURIENS, STOÏQUES ET ROMAINS

Ingrid, Grégory et Émilie sont en train de visiter le musée de Cluny, un musée d'objets romains à Paris. Émilie, qui étudie l'histoire, guide Ingrid et Grégory.

Émilie : J'adore ce musée. Il est très intéressant. Les Romains et les Grecs ont construit de grandes civilisations. L'Empire romain s'étendait de la Terre Sainte à la frontière entre l'Angleterre et l'Écosse. Il couvrait toute l'Europe. Les objets de ce musée montrent comment leur culture s'est développée ici à Paris, en Gaule.

Ingrid : Et il y a aussi des thermes romains dans ce musée, non ?

Émilie : C'est vrai. Les Romains riches venaient ici pour se baigner et discuter des problèmes du jour. Les Grecs faisaient la même chose. Les Romains s'en sont inspirés pour créer les **bains publics**.

Grégory : Ça veut dire que des personnes comme Socrate et Aristote ont dû sûrement visiter des **thermes** comme celui-ci.

Émilie : Probablement. J'ai écrit un article sur les bains publics le semestre dernier. C'était comme des spas, mais les gens y allaient pour socialiser et discuter de politique.

Ingrid : Et de philosophie ?

Grégory : Je ne pense pas que les Romains s'intéressaient beaucoup à la philosophie. C'est ce qu'a dit Mr Aymard, il me semble.

Ingrid : Pour être exact, ce qu'il a dit c'est qu'une grande partie de ce qu'ils savaient leur venait des Grecs. **Au fur et à mesure** de leurs conquêtes, ils entraient en contact avec des idées et des modes de pensée différents. Ils ont probablement entendu parler de Socrate, Platon et Aristote, mais de nombreuses autres idées circulaient à l'époque. Les Romains ont été principalement influencés par l'épicurisme et le stoïcisme.

Émilie : Il y a encore des stoïciens aujourd'hui, non ?

Grégory : Être stoïque, ça signifie **se résigner** à une situation dans laquelle on se trouve, et accepter les choses telles qu'elles sont.

Ingrid : C'est ce que ça veut dire aujourd'hui. À l'époque, un homme du nom de Zénon de Kition croyait que ce qui comptait le plus, c'était de posséder la vertu. Aristote enseignait plus ou moins la même chose, vous vous rappelez ? Tout le reste, la richesse, le pouvoir et le succès n'avaient aucune importance. Zénon affirmait que nous devions « vivre en accord avec la nature », et que toutes nos vertus étaient basées sur une juste attitude vis à vis de la vie. « Se résigner » est une façon de l'expliquer. C'est ce que pensaient les cyniques. Ils n'étaient pas cyniques au sens où nous l'entendons aujourd'hui. Ils se méfiaient de tout ce qui pouvait nous détourner d'une vie vertueuse.

Émilie : C'est une approche pratique, et ça ne laisse pas beaucoup de place ni à Dieu ni aux divinités des Romains. Pourtant, les stoïciens croyaient en la providence divine.

Ingrid : La philosophie se concentrait davantage sur l'individu et sur les façons d'expliquer le monde en général. C'était tout le contraire de l'épicurisme. Les épicuriens, eux, croyaient que le plaisir était l'essence même de la vie. La richesse, le pouvoir, le succès, la bonne santé et la joie de vivre comptaient autant, sinon plus, que de cultiver les vertus. Les épicuriens croyaient que les dieux ne s'intéressaient pas beaucoup aux affaires humaines. Le poète romain Lucrèce leur rendit hommage pour avoir libéré les humains de l'ingérence des dieux.

Grégory : Étaient-ils hédonistes ? Croyaient-ils qu'il fallait faire passer le plaisir avant tout ?

Ingrid : Non, pas du tout. Ils ne croyaient pas à la liberté absolue. Pour eux, les plaisirs simples étaient les plus importants et les plus **élevés**. L'amitié, par exemple, était importante pour Épicure, et les joies de la nature et de la beauté étaient les plaisirs les plus élevés qui soient.

Émilie : Tu as l'air dubitatif, Grégory.

Grégory : Je ne vois pas comment on peut distinguer les bons plaisirs des mauvais. Il serait trop facile de se tromper ou de se laisser aller… Mr Aymard a dit que cultiver les vertus était aussi important pour eux, mais avec le temps, tout est probablement devenu un peu confus… Il y avait aussi des sceptiques à l'époque romaine, non ? Pyrrhon d'Élis fut l'un des premiers philosophes à douter de tout ce qui l'entourait. Il refusait de croire que ses sens lui permettaient de développer une connaissance vraie du monde.

Émilie : Oui, mais ça ne lui a pas vraiment servi. Ses élèves devaient constamment garder un œil sur lui pour empêcher qu'il se blesse. Il marchait en plein milieu de la rue parce qu'il ne croyait pas que le cheval et la charrette qui se précipitaient sur lui étaient réels !

Grégory : Bon, je ne suis pas aussi sceptique que ça. Je regarde deux fois avant de traverser la rue. Je suis étonné que les Romains aient adopté toutes ces idées. S'ils passaient toutes leurs journées dans les thermes publics, ils devaient avoir beaucoup de temps pour réfléchir !

Points clés :

- *Dans le sillage de la philosophie socratique, quatre écoles ou modes de pensée philosophique sont apparus : le cynisme, le scepticisme, l'épicurisme et le stoïcisme. Les philosophes post-socratiques se concentraient davantage sur l'individu que sur les questions communautaires telles que la politique. Le stoïcisme, par exemple, encourageait à cultiver un mode de vie basé sur des vertus comme le courage et la sagesse. La philosophie s'est donc centrée sur l'individu, sans pour autant en oublier le reste du monde. Des éléments de ces **enseignements** existent encore de nos jours. Nous utilisons aujourd'hui le terme « stoïque » pour désigner quelqu'un qui accepte les choses telles qu'elles sont, et le mot « cynique » pour faire référence à une personne sceptique.*

Vocabulaire

les bains publics, les thermes thermal, public baths
au fur et à mesure progressively, incrementally
se résigner à to resign to
élevé high
un enseignement a teaching

CHAPITRE CINQ : LE CHRISTIANISME ET LA PHILOSOPHIE : DES SAINTS ET DES PÊCHEURS

*Le cours du professeur Aymard touche à sa fin. Ingrid, Grégory et Émilie iront se promener dans les rues de Paris après le cours. Émilie est **chrétienne**, et elle va habituellement dans une magnifique **église** très ancienne. Elle a demandé à ses amis s'ils pouvaient s'y arrêter dans l'après-midi, pour allumer un **cierge**.*

Professeur Aymard : Et donc, pour résumer, c'était une drôle d'époque pour la philosophie. À Rome, nous avions ceux qui se disaient stoïciens, épicuriens, cyniques et sceptiques, mais un nouveau mouvement surgissait en parallèle de l'autre côté de la Méditerranée : le **christianisme**. Avec la conversion de l'empereur Constantin en l'an 312 après J.C., le système de **croyances** qui s'était développé initialement au sein d'une communauté juive mineure a tout d'un coup pris une importance phénoménale, jusqu'à devenir une des religions les plus connues de l'humanité. La philosophie a ainsi trouvé un instrument pour traiter des questions entourant la nature de Dieu. Nous en discuterons plus lors de notre prochaine classe. Bon après-midi à tous.

« Luther à Erfurt » représentant Martin Luther découvrant la doctrine de la sola fide (la foi seule).
Peinture de Joseph Noël Paton, 1861.

Après leur balade dans Paris, Ingrid, Grégory et Émilie rentrent dans l'église dont leur avait parlé Émilie. L'intérieur était frais et illuminé par un faible rayon de soleil.

Grégory : J'aime l'odeur des églises, l'odeur de l'encens et le parfum des fleurs.

Ingrid : Regardez cette belle peinture sur l'autel. Je ne suis pas chrétienne, mais j'aime la paix et la tranquillité qu'inspire cet endroit.

Après avoir allumé un cierge, Émilie revient vers ses amis qui se sont assis au fond de l'église.

Grégory : Tu as été élevée chrétienne, Émilie ? Je sais que tu vas à la messe tous les dimanches, non ?

Émilie : C'est vrai. Ma mère m'emmenait toujours à l'église quand j'étais petite. Je ne peux pas imaginer ma vie sans ma foi.

Grégory : Je n'ai jamais réfléchi à ce sujet...

Ingrid : Les faits, nous les connaissons tous. Mais les cours des dernières semaines ne vous ont-ils pas appris que les faits ne sont pas toujours ce qu'ils paraissent ?

Grégory : Je crois, moi, sans vouloir t'offenser Émilie, qu'avec l'arrivée du christianisme, Dieu a commencé à être instrumentalisé comme explication pour tout. Cela n'a-t-il pas marqué la fin de la philosophie ?

Émilie : La philosophie a certainement changé à ce moment-là. Les philosophes se sont plus intéressés à Dieu et au Divin. Comment l'univers a-t-il été créé ? Comment est-il devenu ce qu'il est aujourd'hui ? Toutes ces questions ont été mises de côté : Ils n'avaient plus besoin d'y réfléchir, puisque pour eux la réponse était que Dieu avait créé le monde. C'était tout simplement un fait pour eux. Aujourd'hui, on aurait du mal à partager leur vision des choses. Mais à l'époque, Dieu était la réponse à tout.

Ingrid : La philosophie est donc devenue de la théologie. Tout tournait autour de Dieu. Mais ils se référaient encore à la pensée d'Aristote, du moins à l'époque médiévale.

Émilie : Ils avaient une nouvelle façon de penser à Dieu, basée sur la croyance juive monothéiste plutôt que la croyance polythéiste. Ce qui allait totalement à l'encontre de la croyance romaine et grecque d'un panthéon de dieux : une multitude de dieux connectés à différents aspects de la vie humaine. La philosophie existait toujours, mais c'était devenu de la théologie, et seule la théologie chrétienne était considérée comme vraie. Nous sommes loin de l'époque médiévale, mais nous devons nous rappeler que la société s'est entièrement construite autour de l'idée que Dieu, ou les dieux, étaient responsables de tout ce qui arrivait. Les idées d'Aristote et des philosophes socratiques et tout mode de pensée qui considérait le monde sous un angle différent se sont perdus en Occident.

Grégory : Pour eux, l'existence de Dieu était un fait, et ils ont construit tout un système de croyances basé sur ce fait.

Émilie : Exactement. Et ce système est encore utilisé aujourd'hui. La théologie chrétienne n'a pas beaucoup évolué, même si la philosophie a essayé de s'en détacher.

Ingrid : Mr Aymard a expliqué qu'ils se servaient du raisonnement philosophique pour faire comprendre Dieu et prouver son existence. Ils cherchaient à découvrir à quoi ressemblait Dieu.

Émilie : Et l'Église a mis des siècles à se décider. Il y a eu beaucoup de disputes et de divisions au sein de l'Église.

Grégory : Et ils sont finalement parvenu à une conclusion ?

Émilie : Oui. Le Symbole de Nicée, que nous récitons à **la messe** tous les dimanches, est un ouvrage de philosophie. Il présente ce que les chrétiens croient au sujet de Dieu. Il commence par « Je crois en Dieu... » et continue en identifiant ce qu'est Dieu pour beaucoup de chrétiens, une trinité, c'est-à-dire trois personnes en une. Le Père, Le Fils et Le Saint-Esprit. Le Credo de Nicée décrit également comment Jésus est mort et comment il a été ressuscité.

Grégory : Le Symbole de Nicée ?

Émilie : Oui, il tient son nom du Concile qui a lieu en 325 après J.C. à Nicée, un endroit situé aujourd'hui en Turquie. C'était la première fois que l'Église se mettait d'accord sur certaines questions philosophiques, comme par exemple comment déterminer la date de Pâques.

Grégory : Quelles questions philosophiques ?

Émilie : Mais tu n'as rien écouté en cours ? Des questions sur la nature de Jésus-Christ, de son origine, s'il a été créé ou s'il n'a pas eu de commencement...

Grégory : Et qu'est-ce qu'ils ont conclu finalement ?

Émilie : Que Jésus n'a pas eu de commencement. Qu'il a toujours existé. Ce qui résolvait de nombreuses idées philosophiques. Les débats n'étaient plus nécessaires.

Ingrid : Et ce fut le cas pendant un certain temps, non ? La philosophie est devenue un instrument dont la théologie se servait, et elle fut limitée par ce qui était considéré comme fait **indiscutable**.

Émilie : C'est ça. Il n'y avait plus de place pour d'autres idées ou de remises en question. Les choses ont changé aujourd'hui. La théologie est désormais liée à la fois à la science et à la philosophie. Saviez-vous que c'était en fait un prêtre catholique qui a proposé pour la première fois la théorie du Big Bang au début du XXe siècle ?

Grégory : Vraiment ? Il était donc à la fois scientifique et croyant ?

Ingrid : Exactement. Les deux ne sont pas incompatibles.

Points clés :

- *La tradition juive était presque la seule à croire en l'existence d'un Dieu unique, contrairement aux religions grecque et romaine qui croyaient en l'existence de plusieurs dieux. Après la mort de Jésus Christ, le christianisme s'est développé à partir de ses racines juives. Mais il a fallu plusieurs siècles pour que l'Église se mette d'accord sur ses croyances. Ceci a **conduit à** l'apparition de Crédos, des déclarations philosophiques qui définissaient les croyances en Dieu. La philosophie et la théologie étaient étroitement liées. Les questions posées par les philosophes socratiques et les réponses proposées étaient désormais considérées à travers le prisme de la croyance chrétienne.*

Vocabulaire

une église a church
un cierge a taper
une croyance / croire a belief / to believe
le christianisme / chrétien christianity / christian
la messe the mass, service
indiscutable unquestionable
conduire à to lead to

CHAPITRE SIX : LES ANNÉES SOMBRES, LE MOYEN-ÂGE ET UN PEU DE LUMIÈRE !

Ingrid, Grégory et Émilie assistent au cours du professeur Aymard. Ils retournent ensuite au Café de Flore pour prendre un verre et réviser ce qu'ils ont étudié jusqu'à présent.

Professeur Aymard : Vous vous êtes peut-être demandé pourquoi j'ai passé autant de temps à enseigner cette époque de la philosophie. Beaucoup de manuels de philosophie ne parlent que brièvement de la période de la Grèce antique, et progressent rapidement jusqu'à Descartes. Mais cela équivaut à sauter des siècles et des siècles d'histoire. Le point principal que vous devez retenir est que durant cette période, la théologie se servit de la philosophie comme instrument et la mit au service de l'Église chrétienne. Ce n'est pas une mauvaise chose en soi, mais c'est difficile à comprendre pour nous qui vivons dans un monde beaucoup moins attiré par la religion. De nos jours, on peut choisir de croire ou de ne pas croire. Mais à l'époque médiévale, la religion était fondamentale, et en particulier le christianisme. Les gens vivaient leurs vies au rythme des traditions, des rituels et des croyances de l'Église. Au cours de cette période, de grands penseurs de l'histoire du christianisme se sont imposés : Augustin, Aquino et Anselmo, pour n'en citer que quelques-uns. Il faut que nous passions un peu de temps à étudier leur influence afin de pouvoir comprendre ce qui s'est passé plus tard. La « **foi** » et la « raison » seront nos deux mots clés, car ces deux aspects ont été utilisés pour influencer la pensée sur les questions religieuses.

Ingrid, Grégory et Émilie sont au café. Ils sont arrivés vers midi, et ils ont commandé des croque-monsieur et des frites.

Grégory : J'ai tellement faim ! Je n'ai pas mangé aujourd'hui.

Émilie : Tu devrais prendre le petit déjeuner. Pas étonnant que tu n'arrives pas à te **concentrer** en classe. Moi, j'ai passé tout le cours du professeur Aymard à grignoter. Je n'ai pas du tout faim.

Ingrid : J'ai trouvé le cours vraiment intéressant. C'est incroyable que la philosophie n'ait pas tellement évolué pendant des siècles. Elle est restée centrée sur l'Église et sur la compréhension de Dieu et de la morale. Il n'y a pas eu beaucoup de découvertes scientifiques, ni de développement de nouvelles technologies. On dirait presque un pas en arrière pour l'humanité, après toute la gloire de Rome et de la Grèce antique.

Émilie : C'est pour ça qu'on appelle cette période les années **sombres**. La plupart des gens ne savaient ni lire ni écrire. Ils étaient trop occupés à essayer de survivre. Ils n'avaient pas vraiment le temps pour des questions philosophiques. Ce n'est que dans les monastères, là où les **moines** consacraient du temps à lire et à apprendre, qu'un semblant de philosophie survivait. Tous les personnages connus de l'époque étaient d'ailleurs des moines : St. Thomas d'Aquin, St. Augustin, St. Anselme et d'autres. Ils se sont servis de la philosophie pour développer leurs idées sur Dieu et la moralité.

Grégory : Ça devait être bizarre de vivre à cette époque. Personne ne remettait en question les enseignements de l'Église. S'ils considéraient la théologie comme une science, pourquoi l'auraient-ils remise en question ?

Ingrid : Exactement. Ils n'avaient aucune raison valable de la remettre en question, et il n'y avait pas non plus d'autres alternatives vers lesquelles se tourner. La philosophie fut utilisée pour renforcer les croyances que les gens avaient déjà.

Grégory : Comme par exemple l'argument cosmologique. Un de ses défenseurs, Saint Thomas d'Aquin, affirmait que tout avait une cause, que l'univers avait aussi une cause et que cette cause était Dieu. Seul Dieu n'avait pas de cause. La cause première de tout était Dieu.

Ingrid : Pas nécessairement Dieu. L'argument cosmologique soutenait seulement l'idée de cause, mais il n'affirmait pas que cette cause était nécessairement le Dieu auquel les chrétiens croyaient.

Grégory : C'est juste, mais Thomas d'Aquin, lui, soutenait cette idée. Il avait d'autres arguments pour prouver l'existence de Dieu. Son argument de mouvement, par exemple. Il affirmait que tout était en mouvement, mais que le mouvement doit provenir d'un moteur. Ce moteur original était Dieu. Il l'appelait le « Moteur Principal ».

Ingrid : Mais cela ne prouve toujours pas l'existence du Dieu chrétien.

Grégory : Pour moi, non, mais pour Aquino, c'était une preuve. Il considérait la théologie comme une science, et il a utilisé des raisonnements logiques pour prouver ses croyances. Il n'était pas le seul à faire ça, d'ailleurs.

J'aime aussi **la pensée** de Saint Anselme, l'argument ontologique. Il citait le Psaume 14 dans la Bible pour défendre son argument : « Le sot a dit dans son cœur : 'Il n'y a pas de Dieu' ». Anselme expliquait que la définition même de Dieu prouvait son existence. Dieu est ce qu'il y a de plus grand. Si on peut penser à quoi que ce soit d'encore plus grand, ce serait lui, Dieu, et ainsi de suite. Il raisonnait en se basant sur ce qui existait et ce qui n'existait pas. Exister vaut mieux que de ne pas exister, donc ce qui existe est mieux que ce qui n'existe pas. Tout est dans la définition. Tu vois, j'ai écouté aujourd'hui !

Émilie : Ah là là, ça me donne le vertige tout ça. Mais ça dépend aussi beaucoup de la foi de chacun. Tu as raison, Ingrid, aucun de ces arguments ne prouve en lui-même l'existence de Dieu. Mais pour Aquin, c'est sa foi qui lui a appris l'existence de Dieu. La cause sans cause, le premier moteur immobile, l'être suprême qui n'a pas plus grand que lui. C'est lui le Dieu qu'on a étudié pendant notre dernière classe.

Grégory : Thomas d'Aquin s'intéressait aussi à l'éthique, non ?

Émilie : Oui. C'est la partie que je trouve la plus intéressante. Il s'intéressait à beaucoup de choses. Son œuvre la plus célèbre, *Summa Theologica*, est énorme ! L'éthique est un élément central de l'enseignement chrétien. Thomas d'Aquin enseignait que chaque humain avait une capacité rationnelle innée qui lui permettait de distinguer le bien du mal. Et cette capacité venait de Dieu. Aujourd'hui, on dirait que c'est dans notre ADN. C'était une manière de considérer l'éthique centrée sur l'action et non sur la conséquence. Elle est absolutiste, car pour tout dilemme moral, il y a une bonne et une mauvaise réponse. Pour Thomas d'Aquin, il n'y avait pas d'autres options.

Grégory : Je vois. Nous avons tous une conscience. Sinon, comment pourrions-nous distinguer le bien du mal ?

Ingrid : On apprend ça par les autres. Ce n'est pas nécessairement en nous à **la naissance**. Mais en grandissant, nous apprenons la différence entre le bien et le mal. Un bébé ne sait pas qu'il est mal de voler, mais un adulte aura appris que voler est mal.

Émilie : Humm... Je suis plutôt d'accord avec Grégory. Nous avons un sens inné du bien et du mal. Souvent, nous savons très bien ce qui est bien ou mal, mais on peut choisir d'écouter notre conscience ou non, et ça se reflète dans nos actions.

Ingrid : C'est vrai. Juste parce qu'on sait ce qui est bien ou mal ne veut pas dire que nous agirons en conséquence. Et c'est la raison pour laquelle Thomas d'Aquin croyait au libre arbitre. S'efforcer de faire le bien était pour lui un moyen de se rapprocher de Dieu.

Grégory : Oui... Mais je ne pense pas que les gens ordinaires de l'époque avaient vraiment l'opportunité de penser par eux-mêmes, ni qu'ils se préoccupaient de philosophie.

Émilie : Probablement pas. Je préfère un monde où l'on peut prendre ses propres décisions. Je n'ai pas besoin d'arguments compliqués pour donner un sens à ma foi. Je sais que je crois, et ça me suffit.

Points clés :

- *Au **Moyen Âge**, de nombreux textes de la pensée grecque antique furent perdus en Occident, avant d'être « redécouverts » à la fin de la période médiévale. Une grande partie de ces textes fut conservée par des érudits islamiques en Orient. Des penseurs tels que Saint Thomas d'Aquin et Saint Anselme se servirent de ces textes, comme ceux d'Aristote, comme base pour leur propre réflexion. Les méthodes de la logique et de la rhétorique furent appliquées à la théologie chrétienne, ce qui donna naissance à de nombreux arguments en faveur de l'existence de Dieu, comme par exemple les arguments cosmologiques et ontologiques.*

Vocabulaire

la foi the faith
se concentrer sur to focus on
sombre dark
un moine a monk
la pensée the thought
la naissance the birth
Le Moyen Âge the Middle Ages

CHAPITRE SEPT :
LES DÉBUTS DE LA
PHILOSOPHIE MODERNE

Ingrid, Grégory et Émilie vont passer un examen sur tout ce qu'ils ont appris jusqu'à présent.

Professeur Aymard : Nous arrivons à la fin de ce qu'on pourrait appeler la « scolastique ». Nous avons **abordé** plusieurs points : Comment les anciens Grecs ont commencé à se poser des questions sur le monde qui les entourait, et comment ils ont développé des théories non basées sur les dieux ou la mythologie. C'est ce qu'on appelle philosophie antique. Elle a donné naissance à plusieurs écoles de pensée différentes, comme par exemple le stoïcisme et l'épicurisme. Nous avons ensuite vu comment la philosophie est devenue un instrument pour la théologie, et comment les deux sont devenus indissociables pendant des siècles. L'Église avait le dernier mot en matière de philosophie. Mais entre-temps, les **œuvres** d'Aristote ont été redécouvertes, et des arguments classiques prouvant l'existence de Dieu ont émergé. Nous ne devons pas oublier que c'est l'Église, ainsi que les érudits islamiques, qui ont préservé beaucoup de textes antiques qui nous sont parvenus aujourd'hui. C'est très important. Nous allons maintenant passer à l'ère de la philosophie moderne. Mais avant ça, nous allons réviser tout ce que nous avons appris jusqu'à présent. L'examen couvrira les périodes antique et scolastique. Mais ne vous inquiétez pas, ce ne sera pas un examen long ! Bon après-midi à tous.

Ingrid, Grégory et Émilie quittent la classe et marchent dans les rues de Paris.

Grégory : Pourquoi est-ce qu'on doit passer un examen maintenant ? On n'a appris que de vieilles idées démodées. Je n'en vois toujours pas l'intérêt.

Ingrid : Nous avons appris beaucoup de choses, **Grégory :** Les premiers Grecs et leurs idées sur le monde, Socrate, Platon, Aristote, tout ce que nous leur devons aujourd'hui, une partie de l'histoire du christianisme, comment la philosophie et la théologie se sont réunies, comment elles ont été préscrvécs au Moyen-âge, les anciennes écoles de cyniques, sceptiques, épicuriens et stoïciens... Ça fait beaucoup de choses déjà !

Grégory : Oui mais c'est toujours la même chose : Deux façons de voir le monde, celle des Grecs d'abord, puis celle du christianisme. Je ne vois aucune progression et nous continuons à nous poser les mêmes questions. Quand est-ce qu'on aura des réponses ?

Émilie : Tu n'as rien écouté aujourd'hui ? Maintenant que nous avons fini la Scolastique, nous allons commencer la philosophie moderne. L'Église a préservé une grande partie des œuvres d'Aristote et de Platon, mais elle n'a pas **remis en question** les pensées de Thomas d'Aquin et des autres philosophes scolastiques. Ils se sont servis de la philosophie pour faire de la théologie une science qui n'avait pas besoin d'être remise en question.

Ingrid : Mais vers la fin de la période scolastique, un grand changement a eu lieu. Certains penseurs ont suggéré qu'essayer de justifier les croyances religieuses par la philosophie avait **échoué**. Ça a fait une grande différence dans l'évolution de la philosophie.

Grégory : La science a commencé à prendre de l'importance ?

Émilie : Tu tiens toujours à la science, Grégory ! Ce qui est intéressant, pour le moment, c'est d'observer comment les choses ont évolué progressivement. Elles n'ont pas changé du jour au lendemain. Les idées de Thomas d'Aquin ont été remises en question, et l'application de la philosophie à la doctrine chrétienne a été qualifiée d'échec. Comme l'a dit William d'Oackham, il n'est pas nécessaire de multiplier les entités inutilement.

Grégory : Qu'est-ce que ça veut dire ?

Émilie : Ça veut dire qu'il ne faut pas trop compliquer les choses. Si tu entends le bruit d'animaux au trot, pense aux chevaux, pas aux zèbres. L'explication la plus simple est généralement la bonne. Dans un monde où Dieu était la cause de tout, cette pensée était révolutionnaire. On se méfiait de la science à l'époque. Tiens, Galilée par exemple. Il a été jugé pour avoir déclaré que la Terre tournait autour du soleil et qu'elle n'était pas au centre de l'univers. Ce n'est pas la science qui a provoqué le changement, c'est la Réforme.

Ingrid : Mais la Réforme était un évènement chrétien. L'Église était divisée entre catholiques et protestants. En quoi est-ce que ça a affecté la philosophie ?

Émilie : Cette division a permis de remettre en question ce qui était autrefois considéré pour acquis. La Bible a été traduite dans différentes langues et plus de gens ont appris les enseignements de l'Église. Ils ont commencé à réfléchir et à se poser des questions. Pas parce qu'ils ne croyaient pas en Dieu (Personne ne l'aurait admis publiquement à l'époque), mais parce qu'ils voulaient mieux comprendre Dieu. Quand la scission a eu lieu, les autorités de l'Église ne pouvaient plus empêcher toutes ces remises en question. Ce fut la renaissance de la philosophie, qui entrait dans une période que nous appelons la « philosophie moderne ».

Grégory : Ça a dû être une période **bouleversante**, en effet... C'est comme si nous découvrions aujourd'hui que tout ce que nous savions sur l'univers était en réalité faux.

Ingrid : Ou que nous réalisions que rien de ce que nous voyions n'est réel...

Émilie : Oui, enfin, nous verrons tout ça plus tard. On doit d'abord préparer l'examen.

Points clés :

- *On pense souvent que la philosophie moderne a commencé avec Descartes. Mais son **essor** s'est fait en réalité lentement et progressivement. L'instrumentalisation de la philosophie par la théologie a été remise en question. La Réforme a provoqué une scission majeure dans le christianisme et, le statu quo **a été ébranlé**. La division de la chrétienté a ouvert la voie à une remise en question d'hypothèses et de croyances jusque-là incontestées. L'Église de Rome n'avait plus le contrôle absolu sur la doctrine chrétienne. La renaissance de la philosophie avait commencé.*

Vocabulaire

aborder to approach, tackle
une œuvre a work, an artwork, a piece, a corpus
remettre en question to question
échouer / un échec to fail / a failure
bouleversant shocking, life-changing
un essor a development, a rise, a boom
ébranler to shake, to undermine

CHAPITRE HUIT :
LE CHANGEMENT CARTÉSIEN :
LA PHILOSOPHIE
DE DESCARTES

Ingrid, Grégory et Émilie viennent de recevoir les résultats de leur examen. Grégory n'a pas eu une très bonne note, contrairement à Ingrid et Émilie.

Professeur Aymard : Certaines de vos copies m'ont impressionné. Mais il reste encore beaucoup à apprendre. Aujourd'hui, on va parler de René Descartes, une figure importante de l'histoire de la philosophie. Il a eu un impact tellement marquant qu'on parle de changement cartésien de la philosophie. On le considère comme un des fondateurs de la philosophie moderne, et ses idées sont encore étudiées aujourd'hui. Mathématicien et scientifique distingué, il était à la fois catholique et philosophe. Mais contrairement aux Scolastiques, Descartes était disposé à remettre en question les croyances antérieures. Il cherchait la certitude, ce qui l'a amené à développer la méthode cartésienne. Descartes doutait de tout jusqu'à en devenir certain. C'était un rationaliste, et nous parlerons d'autres rationalistes au prochain cours.

Portrait de van René Descartes par Frans Hals (Entre 1649 et 1700)

Après la classe, Ingrid, Grégory et Émilie se dirigent vers le Café de Flore et discutent de leur dernière classe ensemble.

Grégory : Mr Aymard m'a dit que j'étais trop critique envers les philosophes que nous avons étudiés. Pourtant, je pensais que le but même de la philosophie était d'être critique et de remettre en question les pensées des autres !

Émilie : Oui, mais il faut aussi savoir être constructif Grégory...

Ingrid : Et qu'est-ce que tu penses de Descartes ?

Grégory : J'ai adoré certaines de ses idées, comme celle de douter de tout, même de nos **sens**...

Émilie : Ça m'étonne, je croyais que tu valorisais les faits et la science...

Grégory : C'est vrai, mais nous ne pouvons pas douter que nous existons. Comme a dit Descartes lui-même « Je pense, donc je suis. » Je peux donc en déduire que le monde extérieur et les faits mathématiques ne sont pas non plus une illusion. Tant que je peux me connaître, je peux aussi connaître le monde.

Émilie : « Cogito ergo sum », en latin.

Ingrid : Exactement. Descartes disait que l'on pouvait douter de tout, même que 2+2=4. Selon lui, même la certitude apparente des mathématiques pouvait être fausse, puisque Dieu pouvait nous faire mal compter.

Émilie : Mais en tant que catholique, je crois que Dieu est bon. Un Dieu bon ne nous **tromperait** pas.

Grégory : Mais un démon maléfique pourrait nous tromper. C'est ce qu'il disait, non ? Un démon maléfique pourrait nous tromper sur tout sauf sur le fait que nous pensons. Nous ne pouvons pas douter que nous pensons, même si nous doutons de tout ce que nous pensons.

Ingrid : Aujourd'hui tu as vraiment écouté le cours !

Grégory : J'aime Descartes, même si certaines de ses idées sont un peu **effrayantes** : Il n'y a rien dont nous puissions être sûrs, nos sens nous trompent, on rêve des rêves qui nous paraissent réels, on se souvient de choses qui ne se sont pas produites...

Ingrid : Mais nous pouvons être sûrs d'une chose : c'est que nous pensons. Tu commences à remettre en question tes faits scientifiques, Grégory. Rien n'est certain, sauf le fait que nous pensons !

Grégory : Il y a aussi une autre raison pour laquelle j'aime bien Descartes.

Ingrid : Ah oui ?

Grégory : Oui, comme moi, il dormait jusqu'à midi. Il n'était pas du matin !

Ingrid : Et Mr Aymard disait que certains pensaient qu'il était **espion**, parce qu'il déménageait tout le temps... Tu n'es pas un espion, toi, Grégory...

Grégory : Qui sait ?

Points clés :

- *René Descartes était un philosophe rationaliste qui croyait que la raison était le seul moyen d'atteindre la vraie connaissance. Il voulait construire une base irréfutable pour son système philosophique, et tout remettre en question était la seule façon d'y parvenir. Son œuvre rompt avec la philosophie scolastique, même s'il était catholique et qu'il croyait en Dieu. On l'appelle « le père de la philosophie moderne ». Il voulait découvrir ce que nous pouvons savoir avec **certitude** et explorer la relation entre le corps et l'esprit. Il était dualiste. Pour lui le corps et l'esprit étaient deux choses distinctes. Descartes se rendit compte que même ses propres sens pouvaient le tromper, mais comme il pouvait douter de ses propres sens, il savait qu'il existait. D'où ses célèbres mots « Je pense, donc je suis ».*

Vocabulaire

les sens the senses
effrayant scary
tromper to mislead, deceive
se tromper to make a mistake
un espion a spy
la certitude the certainty

CHAPITRE NEUF : LEIBNIZ ET SPINOZA : LES RATIONALISTES CONTINENTAUX

Ingrid et Émilie attendent Grégory devant son kiosque préféré sur les bords de Seine. Il leur a dit qu'il avait une surprise pour elles.

Ingrid : Il a dix minutes de retard. Il est où ?

Émilie : Ah il arrive, il est sur le pont.

Grégory se dirige vers elles, un grand sourire sur le visage. Il a un long pansement sur le bras.

Ingrid : Mon Dieu, Grégory. Ça va ? Qu'est-ce qui t'es arrivé ?

Grégory : Je vais bien. J'ai eu un peu mal, mais ça va mieux.

Émilie : Qu'est-ce qui t'a fait mal ?

Grégory : Ça.

*Il retire son pansement et leur montre un nouveau **tatouage** qu'il a sur le bras.*

Inès : Non !?

Grégory : Eh si ! Je vous avais dit que j'adorais Descartes. Du coup, je me suis fait tatouer « Je pense donc je suis » sur le bras. J'ai trouvé le philosophe parfait pour moi.

Émilie : Tu ne nous as pas dit que tu voulais te faire tatouer. Tu es sûr de toi ? Ta mère ne sera pas contente !

Grégory : Je porterai une chemise à manches longues la prochaine fois que je la verrai. C'est la première chose qui m'a plu dans ce cours de philo. Je sais que je pense et cela veut dire que j'existe. Je suis en train de penser maintenant, donc je dois exister. Même si je doute d'autres choses, je ne peux pas douter de ma propre existence. Ça faisait longtemps que je voulais **me faire faire** un tatouage, de toutes façons...

Émilie et Ingrid se regardent en souriant.

Ingrid : Il y a tellement d'autres philosophes que tu ne connais pas encore. Et tu as raté le cours aujourd'hui. On a parlé de Gottfried Wilhelm Leibniz et de Baruch Spinoza.

Grégory : Ok, racontez-moi ce que vous avez vu en cours. Mais je ne pense pas qu'ils puissent battre Descartes !

Émilie : Leibniz et Spinoza étaient rationalistes, comme Descartes, mais ils avaient aussi leurs propres idées. Spinoza pensait que le monde n'était pas fait par Dieu, mais qu'il faisait partie de Dieu.

Ingrid : C'était une idée très controversée. Il était **juif** et ses idées **contredisaient** à la fois la compréhension juive et chrétienne de Dieu.

Grégory : Nous ferions donc tous partie de Dieu ? Et tout ce qui existe ferait partie de Dieu ?

Émilie : C'est ce qu'on appelle le panthéisme. Certains stoïciens croyaient la même chose aussi. C'est une alternative rationnelle à Descartes.

Ingrid : Spinoza s'intéressait aussi à l'éthique. *éthique* est d'ailleurs le titre de son livre le plus célèbre. Pour lui, la philosophie était une pratique spirituelle, et son but était le bonheur. Bertrand Russell l'appelait « le plus noble et le plus beau » des grands philosophes. Descartes fut le père de la philosophie moderne, mais Spinoza a joué un rôle important dans son développement, aussi. C'est de lui qu'on tient le concept que la philosophie est un moyen d'atteindre la bonté morale. J'aime l'idée que la philosophie puisse faire une différence dans la vie des gens.

Grégory : Spinoza et Leibniz étaient amis ? Comment se sont-ils rencontrés ?

Émilie : Ils se connaissaient, mais Leibniz l'ignorait. Il voulait prospérer dans sa carrière, et être l'ami de quelqu'un comme Spinoza ne l'aurait pas aidé. Ce que Leibniz disait était aussi intéressant. Selon lui, nous vivons dans « le meilleur des mondes possibles ».

Grégory : Qu'est-ce que ça veut dire ? La plupart des gens pensent plutôt que le monde dans lequel on vit est mauvais...

Ingrid : Il essayait de comprendre la problématique du Mal. C'est ce qu'on appelle la « théodicée ». Comment peut-il y avoir tant de mal dans **un monde** créé par un Dieu aimant ? Pour Leibniz, Dieu a dû choisir un univers parmi tous ceux qui étaient possibles, et puisque Dieu est parfaitement bon et raisonnable, il a dû choisir la meilleure option possible.

Grégory : Et pourtant, il y a tellement de mal partout.

Ingrid : Oui, mais pour Leibniz, ça reste quand même le meilleur des mondes possibles. Les autres options auraient été pires !

Émilie : Il s'intéressait à la substance du monde. Contrairement à Spinoza, il ne croyait pas que le monde était fait de Dieu, et il ne croyait pas non plus au concept des trois substances de Descartes - Dieu, l'esprit et la matière. Selon lui, il y avait un nombre infini de substances, qu'il appelait monades. Vous vous rappelez, Thalès croyait que le monde était constitué d'eau. C'est à peu près pareil, mais la version de Leibniz est plus sophistiquée. Il se basait sur la raison plutôt que sur l'expérience.

Grégory : Les monades ? Bizarre comme mot.

Émilie : Il n'avait pas tout à fait tort. Aujourd'hui, on sait que la plus petite particule qui existe et qui compose tout est l'atome. À l'époque, Leibniz ne disposait pas de tout l'équipement scientifique dont nous disposons aujourd'hui. Il n'est parvenu à ses conclusions que par la raison.

Grégory : Donc selon lui, tout était constitué de monades ?

Émilie : Oui, un peu comme les atomes.

Ingrid : Tiens, Grégory, il y a un truc qui va te plaire au sujet de Spinoza.

Grégory : Ah oui ?

Ingrid : Il s'amusait à retirer les araignées de leurs toiles et à les déposer sur les toiles d'autres araignées pour les regarder se battre.

Émilie : C'est horrible !

Grégory : N'importe quoi ! Je préfère carrément Descartes.

- *Spinoza et Leibniz faisaient partie de la tradition rationaliste de la philosophie. Selon eux, les vérités sur le monde ne pouvaient être atteintes que par la raison, et l'expérience des sens n'étaient que secondaire. Leibniz, une figure de l'establishment, ne soutenait pas les philosophies de Descartes et de Spinoza. Ils avaient tous des intérêts variés. Spinoza était le plus controversé. Son idée la plus controversée était que le monde faisait partie de Dieu. C'est ce qu'on appelle le panthéisme. À cause de cette croyance, il fut excommunié de la communauté juive. Dans la lignée de la tradition grecque, il rappelait l'importance de la philosophie pour mener une bonne vie, et soulignait que la pratique de la philosophie pouvait conduire à la bonté morale.*

Vocabulaire

un tatouage a tattoo
se faire faire to have something done
contredire to contradict
juif jew
un monde a world

CHAPITRE DIX : L'EMPIRISME ANGLAIS : LOCKE, BERKELEY ET HUME, LES TROIS SAGES ANGLAIS

Après la fin du cours de Mr Aymard, Ingrid, Grégory et Émilie vont au café. Grégory montre fièrement son nouveau tatouage à Robert, qui vient de leur apporter du café et du gâteau.

Professeur Aymard : L'empirisme est à l'inverse du rationalisme. Selon les rationalistes, la raison mène à la vérité, mais pour les empiristes, leurs sens leur permettent d'acquérir la connaissance. La tradition du rationalisme s'est développée en Europe continentale. Le mouvement empiriste est apparu au Royaume-Uni. Suivre la raison ou les sens. À vous de choisir.

Émilie : Ou suivre les deux ?

Professeur Aymard : Oui, bien sûr. Il n'y a pas que deux options. Une combinaison des deux est possible. Nous en apprendrons plus à ce sujet lors de notre prochain cours. Nous aborderons l'idée de scepticisme équilibré à la fois sur les sens et sur l'approche raisonnée. Curieusement, l'empirisme fait directement appel à notre sens inné de la raison. Quand je vois quelque chose devant moi, je sais que c'est là, et je sais que je peux l'utiliser et lui donner un sens. **La vue, le toucher, l'odorat, l'ouïe et le goût**

contribuent à notre expérience du monde et de ce qu'il contient. Mais la question est : « Puis-je faire confiance à mes sens ? ». Pensez-y. Dans notre prochain cours, nous parlerons de quelqu'un qui a aussi mené cette réflexion : Emmanuel Kant. Bon après-midi à tous.

Ingrid, Grégory et Émilie arrivent au café. Robert est surpris de voir le tatouage de Grégory.

Robert : Tu ne penses pas qu'il aurait mieux valu terminer ce module de philosophie avant de choisir ton philosophe préféré ? Descartes avait des idées intéressantes, mais tu as encore beaucoup à apprendre. Tu regretteras peut-être ton tatouage...

Grégory : En tout cas, je n'ai toujours rien entendu en cours qui m'ait fait changer d'avis.

Émilie : Tu es très attaché à tes faits. Aujourd'hui, on a parlé d'empirisme. Il n'y a pas meilleur concept philosophique pour toi que l'idée que ce que nous éprouvons avec nos sens est le seul élément raisonnable auquel nous pouvons croire.

Ingrid : C'est logique. Ce que nous observons est ce que nous savons, et le reste n'est que spéculation. Comment Leibniz en est-il arrivé au concept des monades ? Il ne pouvait pas les voir. Mais je sais que ma **tasse** est là devant moi. Je peux la voir, je peux la toucher et je peux boire mon café.

Grégory : Mais si vos sens vous trompaient ? Vous vous rappelez du démon de Descartes ? On peut tromper les sens. C'est le cas des illusions d'optique par exemple. Ce que nous voyons n'est pas toujours ce qui existe réellement. C'est la raison pour laquelle Descartes a utilisé le rationalisme pour arriver à ses conclusions. Il n'avait pas besoin d'observer, il réfléchissait attentivement. Il a exploré le monde de l'esprit assis dans son **fauteuil** près de la cheminée... J'ai toujours aimé la science, mais je n'y ai jamais réfléchi de cette façon. Nous ne pouvons être sûrs de rien sauf de ce qu'a dit Descartes.

Émilie : Et tes faits alors ?

Grégory : Ce que Descartes a compris sont les faits. C'est plus vrai que cette tasse. Peut-être que tout ce qu'on voit n'est qu'une illusion.

Robert : Et pourtant, quand tu sortiras du café, je suis sûr que tu prendras la porte et que tu n'essaieras pas de traverser le mur !

Grégory : Qu'est-ce que tu veux dire ?

Robert : C'est tout à fait possible d'être sceptique assis confortablement dans son fauteuil, mais nous devons tous vivre et expérimenter notre vie à travers nos sens. C'est le point de départ des empiristes, qui défendaient l'idée que nous pouvons faire confiance à nos sens, au moins dans une certaine mesure. Prends l'exemple de Pyrrhon d'Élis. Vous en avez discuté, non, quand vous avez étudié la philosophie romaine ? Il passait son temps à se mettre en danger physique parce qu'il refusait de croire ce que ses sens lui communiquaient. Les empiristes ont simplement adopté une approche plus sensée des choses. Pour eux, leurs sens étaient généralement fiables. Dans l'absolu, nous pouvons être des cerveaux dans une **cuve** ou trompés par un démon maléfique, mais ce que nous vivons, à travers nos sens, a un sens dans le monde où nous habitons.

Émilie : Exactement.

Grégory : Tu ne serais pas empiriste, Robert ?

Robert : Je pense que oui. Je ne me ferais certainement pas tatouer la citation de Descartes sur le bras !

Robert retourne derrière le comptoir.

Ingrid : Tu ne prends jamais au sérieux ce que dit Robert. Il en sait beaucoup plus sur la philosophie que ce que tu crois.

Grégory : En tout cas, je ne suis pas d'accord avec vous par rapport à l'empirisme. Et bien sûr, je ne suis pas d'accord avec John Locke non plus, sur le fait que nous n'avons pas de savoir **inné**. Ce n'est pas ce que pensait Descartes.

Ingrid : Qu'est-ce que tu veux dire ?

Grégory : Vous avez entendu ce qu'a dit Mr Aymard. Selon le philosophe anglais John Locke, nous naissons avec un esprit qui ressemble à une **table rase**. Tout ce que nous savons nous provient de nos sens. Quand nous naissons, nous ne savons rien. Socrate avait une opinion différente. Dans les dialogues socratiques, il a démontré qu'un esclave qui n'y connaissait rien aux mathématiques était capable de conclure les principes de géométrie par le simple raisonnement.

Émilie : Et donc ?

Grégory : Et donc, je pense que Locke a tort. Nous apprenons beaucoup grâce à nos sens, mais il y a certaines choses que nous savons de façon innée. Savoir que nous pensons, par exemple. Rien ni personne ne m'a jamais appris que je pensais. Mais la raison me dit que je suis un être pensant. Je ne peux pas sortir de moi-même et me regarder de l'extérieur pour l'apprendre. Je le sais parce que je suis en train de le faire en ce moment.

Ingrid : Et que penses-tu de David Hume ? C'était un philosophe des Lumières. Il suivait une méthode scientifique, comme son héros, Isaac Newton. Pour lui, aucune connaissance n'existait en dehors des sens. Peut-être que tu n'es pas si scientifique que ça, Grégory.

Grégory : J'aime la méthode scientifique. J'aime observer les choses et comprendre comment elles fonctionnent, mais Descartes m'a fait changer d'avis sur ce que ça veut réellement dire. De toutes façons, Hume n'était-il pas plus intéressé par l'éthique ?

Ingrid : Il se disait moraliste, oui. Pour lui, la raison ne pouvait pas produire le sens du bien et du mal. Il disait que le bien et le mal étaient déterminés par le monde qui nous entoure et par notre observation de celui-ci. La façon dont les autres réagissent à notre égard détermine notre comportement. Les bonnes actions produisent l'approbation ; les mauvaises actions, la désapprobation. En fait, c'est assez simple.

Émilie : Il s'intéressait aux conséquences des actions plus qu'aux actions en elles-mêmes.

Ingrid : C'est une façon de voir les choses. Mais ce n'est pas si simple que ça. Il s'intéressait aux vertus, aux vices, au caractère, à la personnalité, et à ce qui motivait les gens à accomplir des actions morales. Tout le processus des actions qui entraînent des conséquences.

Grégory : Est-ce qu'il y a vraiment besoin de distinguer les actions des conséquences ?

Émilie : Tu devrais formuler ta propre théorie éthique, Grégory.

Grégory : Je ne saurais pas par où commencer. Il y a tellement de manières différentes de voir les choses... Comment savoir quelle est la bonne manière ?

Émilie : C'est pour ça que la philosophie est si importante. C'est elle qui nous aide à réfléchir au monde qui nous entoure et à décider par nous-mêmes de ce qui est bien et de ce qui est mal.

Ingrid : En tout cas, George Berkeley ne m'a pas convaincue.

Grégory : Le dernier des trois empiristes mentionnés par Mr Aymard ? C'est lui qui a dit qu'« être, c'est être **perçu** », non ?

Ingrid : Oui. Les choses n'existent que parce que nous les percevons. C'est bizarre comme idée.

Émilie : Ça voudrait dire que ce café, par exemple, n'existe que parce que nous le regardons.

Ingrid : Pas « nous », juste toi. Tu es la seule personne qui puisse être sûre de ce que tu perçois. Tu ne sais pas ce que nous voyons.

Grégory : Je ne sais pas, c'est bizarre... c'est comme si Berkeley disait que lorsque je ne regarde plus quelque chose, cette chose cesse d'exister. Quand je sors de ma chambre chaque matin, elle n'existe plus. Ce n'est pas vrai.

Ingrid : Mais comment pourrions-nous être sûrs que ce que nous ne voyons plus existe encore ? Je sais, c'est difficile à imaginer, mais ça **a du sens** quand même...

Émilie : Berkeley était un évêque. Ce qu'il disait, c'est que quand on n'observe pas quelque chose, cette chose ne cesse pas d'exister, puisque tout est toujours perçu par Dieu. Tout n'est qu'une idée que nous percevons, mais qui est garantie par Dieu. Je sais que c'est étrange... Mais par exemple, tout de suite, on ne peut pas **percevoir** ta chambre à coucher.

Grégory : Nous le pourrions si j'y installais une caméra connectée à mon téléphone.

Ingrid : Mais tu serais donc en train de la regarder. La pensée de Berkeley était radicale. C'était une autre forme d'empirisme. C'était un idéaliste. Pour lui, les humains imaginaient comment étaient les choses dans le monde. Il y a un musée sur lui à Rhode Island. Il y a vécu quand il était aux États-Unis.

Grégory : Mais comment être sûr que ce musée existe ? Nous ne pouvons pas le voir.

Ingrid : Très drôle, Grégory…

Points clés :

- *Contrairement au rationalisme, l'empirisme enseigne que notre connaissance du monde passe par nos sens. Les empiristes croient que nous pouvons faire confiance à nos sens : il n'y a pas de démons maléfiques pour nous tromper, et nous pouvons atteindre une connaissance vraie et précise du monde grâce à eux. La division entre rationalisme et empirisme fut et continue d'être une source majeure de désaccord. Pour John Locke, les humains naissent comme une **ardoise** vierge et ils acquièrent la connaissance par l'expérience. Pour David Hume, il n'y a pas de connaissance au-delà de ce que nous apprennent nos sens. Et pour George Berkeley, seul ce que nous percevons à travers nos sens est réel, seul ce qui est perçu par nous-mêmes ou par Dieu, est réel.*

Vocabulaire

la vue, le toucher, l'odorat, l'ouïe et le goût sight, touch, smell, hearing, tasting
une tasse a mug
un fauteuil an armchair
une cuve a tank, a container
inné inborn, innate
une table rase a clean slate
percevoir / perçu to perceive / perceived
avoir du sens to make sense
une ardoise a slate

CHAPITRE ONZE : KANT : LA CHOSE EN SOI ET L'IMPÉRATIF CATÉGORIQUE

Ingrid, Grégory et Émilie se promènent dans les rues de Paris après leur classe. Mr Aymard les avait prévenus : l'étude des idées d'Emmanuel Kant serait difficile. Ils sont tous un peu confus... Ils croisent Mr Aymard près du Louvre, et lui demandent d'expliquer encore certains points.

Grégory : Saviez-vous que Kant n'a jamais quitté Königsberg ? Il y est né et y est mort à 79 ans. Mais il n'est jamais sorti de sa ville.

Émilie : Ah bon ?

Grégory : Oui. Quand les habitants de la ville, qui s'appelle aujourd'hui Kaliningrad, le voyaient passer, ils remettaient leurs montres à l'heure. Il avait une routine extrêmement stricte. Il devait être ennuyeux...

Ingrid : Et il est pourtant devenu l'un des philosophes les plus célèbres de l'Histoire. Ses idées sont toujours importantes aujourd'hui.

Portrait de Kant par un artiste inconnu vers 1790

Émilie : J'ai eu du mal à comprendre ce que nous a expliqué Mr Aymard aujourd'hui. La classe sur l'éthique était plus facile. L'idée que ce qui compte le plus, c'est la motivation derrière l'action plutôt que la conséquence, me plait beaucoup.

Ingrid : À moi aussi. Même si les conséquences comptent aussi.

Grégory : Ça serait mieux si les philosophes n'étaient pas aussi absolus sur tout. Le monde ne fonctionne pas toujours selon **des règles** strictes et précises. Du moins, pas en ce qui concerne la morale. Pourquoi est-ce qu'il n'y a pas de théorie éthique qui considère les actions autant que les conséquences ?

Émilie : Tu as beaucoup changé, Grégory. Mais la théorie morale de Kant était un peu plus compliquée que ça... Il était fasciné par **la loi** morale. Comme Saint Thomas d'Aquin, Kant croyait que les humains étaient guidés par une loi morale qui leur venait de l'intérieur. Une loi naturelle. Il se concentrait plus sur les actions, car une bonne action donne en général de bons résultats. On ne peut pas prévoir avec exactitude les conséquences, c'est donc mieux de se concentrer plutôt sur les actions.

Grégory : C'est ce qu'il appelait « l'impératif catégorique », non ?

Émilie : C'est ça. L'impératif catégorique était la manière de Kant de soutenir des exigences morales absolues. Un exemple de formulation de l'impératif catégorique est : « Faites votre devoir ». Sans conditions, un impératif universel. Peu importe la situation. Nous devons toujours faire notre devoir. Point.

Grégory : Mais comment savoir ce qu'est notre devoir ? On en n'est pas toujours certain ! Je pourrais par exemple penser que dire la vérité est mon devoir. Mais ce n'est pas toujours bon de dire la vérité ! Il y a toujours des exceptions dans l'absolument bon ou l'absolument mauvais.

Émilie : C'est bien le problème de tout système éthique avec des exigences absolues. Dans certains cas, dire la vérité peut se révéler dangereux ou blesser quelqu'un. Mais Kant s'intéressait à la forme de l'impératif catégorique, non à son contenu. Et comme l'impératif catégorique se doit d'être universel et valide dans l'absolu, alors « faites votre devoir » est la meilleure formulation à laquelle on peut penser. Peut-être que

« toujours dire la vérité » n'est pas un devoir dans tous les scénarios possibles. Prenons un exemple des dix commandements de la Bible, ceux que Dieu a donnés à Moïse sur le mont Sinaï : « Tu ne **tueras** pas. » C'est un bon exemple d'impératif moral absolu, ça...

Grégory : Bien sûr. Je ne vois pas dans quelle situation il serait acceptable de tuer quelqu'un.

Émilie : Exactement. Certains commandements moraux sont universels. Mais pour Kant, les dix commandements de la Bible n'étaient pas des impératifs catégoriques. Un impératif catégorique est un concept plus général. Pour Kant, la morale devait être formelle : c'est la seule manière de s'assurer que nous agissions tous en concordance avec la même morale. Et la forme de l'impératif catégorique est aussi simple que « Fais ton devoir ! ». On peut se demander si « Tu ne tueras pas » est une formulation assez générale pour correspondre à la forme impérative catégorique ? Je pense que oui... En obéissant à ce commandement, nous suivons un impératif catégorique.

Ingrid : Je suis d'accord. Je pense que nous avons trouvé un bon exemple de moralité absolue. En trouver d'autres sera peut-être plus difficile. Mais je ne sais toujours pas si je préfère les théories éthiques qui privilégient les conséquences aux actions, ou l'inverse. Kant a dû se retrouver dans des situations morales difficiles avec sa théorie...

Émilie : C'est vrai. Il en est arrivé à la conclusion, par exemple, que **mentir** à quelqu'un qui voulait tuer l'ami d'une autre personne serait une erreur, même si le mensonge sauvait la vie de l'ami.

Grégory : C'est fou, ça... Je ne comprends pas qu'une théorie éthique ne puisse pas considérer à la fois les actions et les conséquences. Je mentirais toujours si je devais sauver la vie de quelqu'un.

Émilie : Pas si les actions comptent pour toi plus que les conséquences.

Grégory : On peut considérer les deux en même temps. Et si par exemple une situation mettait en opposition deux absolus moraux ? « Ne mens pas » et « Tu ne tueras pas ». Le meurtrier devra mettre en application le deuxième, mais l'ami de la personne en danger devra appliquer le premier.

Émilie : C'est ça. Pour Kant, il n'y avait pas de conflits de devoirs. L'impératif catégorique est « Faites votre devoir ». Quand nous pensons que deux devoirs s'opposent, c'est uniquement parce que nous n'avons pas encore identifié quel est notre devoir. Dans le monde réel, il peut être difficile d'identifier notre devoir avec justesse. Mais Kant pensait que notre conscience intérieure nous indiquerait toujours notre devoir.

Ingrid : Tu penses vraiment qu'il est toujours possible de reconnaître son devoir ?

Émilie : C'est peut-être un peu idéaliste, mais bon... Kant a fait de son mieux pour rester cohérent avec son propre système.

Tout d'un coup, Ingrid, Grégory et Émilie aperçoivent Mr Aymard en train de marcher rapidement devant eux.

Ingrid : Mr Aymard ! Vous marchez vite, vous êtes en retard ?

Professeur Aymard : Non, je marche toujours vite. Marcher m'aide à réfléchir. Comme Nietzsche.

Émilie : Nous parlions de Kant. Nous comprenons les principes de l'éthique, mais on a du mal avec le reste…

Professeur Aymard : C'est normal. Clarifier les idées de Kant en une seule classe est impossible. Je vais vous réexpliquer tout ça...

Ingrid : Merci ! Asseyons-nous ici.

Ingrid, Grégory et Émilie s'assoient sur un banc. Mr Aymard, la main au menton, s'éclaircit la gorge avant de commencer.

Professeur Aymard : Rappelez-vous de nos cours sur Descartes, Spinoza et Leibniz. Ce sont des rationalistes, même s'ils avaient tous des idées très différentes. Le rationalisme est le courant de pensée qui dit que notre connaissance du monde nous provient de la déduction logique. « Je pense, donc je suis ». Ou l'exemple de l'esclave et des mathématiques dans le dialogue de Platon[1]. Lors de notre dernière classe, nous avons abordé l'empirisme, l'idée que toutes nos connaissances nous proviennent de l'expérience. Nous observons le monde qui nous entoure et nous apprenons quelque chose à son sujet.

Ingrid : Grégory préfère le rationalisme ; moi j'aime l'empirisme. Je trouve logique que ce que je vois, touche et ressens m'apprend quelque chose sur le monde.

---

[1] Dans le dialogue *Ménon* de Platon, Socrate demande à un esclave de doubler l'aire d'un carré. Grâce à une série de questions, le garçon est capable de trouver la réponse, même sans aucune connaissance en mathématiques. Socrate se sert de cet exemple pour démontrer que certains concepts, comme ceux des mathématiques, peuvent être dérivés de la raison seule.

Grégory : Mais tu ne peux pas être sûre que ces choses sont réelles. Nous pouvons tous être trompés par nos sens. Comment tu peux être sûre de pouvoir leur **faire confiance** ?

Ingrid : Ton tatouage a l'air bien réel...

Grégory : C'est vrai que j'ai bien senti qu'il était réel quand ils me l'ont fait !

Professeur Aymard : Pour Kant, on peut apprendre à la fois du rationalisme et de l'empirisme. Il défendait l'idée que notre connaissance du monde qui nous entoure n'est qu'une synthèse de l'expérience et de la raison.

Émilie : Une synthèse ?

Professeur Aymard : Oui. Imaginez que vous rencontriez un extraterrestre. Vous voyez l'extraterrestre, et peut-être même que vous entendez ce qu'il dit. Mais dans le fond, nous ne savons pas vraiment ce qu'est un extraterrestre. S'il ne nous était pas étranger, on ne l'appellerait pas un extraterrestre ! Dans cette situation, votre expérience vous donne des informations, mais votre raison ne peut pas comprendre ce que vos yeux voient ou ce que vos oreilles entendent. Vous ne pouvez pas avoir de connaissance sans expérience et sans raison. Les deux sont nécessaires. Pour reprendre les mots de Kant, « Les pensées sans contenu sont vides, les intuitions [l'expérience] sans concepts sont aveugles ». Cela veut dire que les pensées sans expérience ne sont que des fantasmes, et que l'expérience sans raison est impossible à comprendre.

Émilie : Il a donc combiné les deux concepts. C'était à la fois un rationaliste et un empiriste.

Professeur Aymard : Justement. Sans nos sens, nous ne pouvons pas être conscients du monde qui nous entoure. Nous ne pouvons ni voir, ni entendre, ni goûter. Mais sans notre raison, nous ne pouvons pas donner un sens aux choses que nous voyons, entendons ou goûtons. La connaissance est le résultat que nous obtenons grâce à nos sens et à notre raison.

Émilie : Il suffit donc d'expérimenter le monde qui nous entoure et de lui donner un sens...

Professeur Aymard : Ce n'est pas si simple... Pour Kant, il y a des catégories, comme l'espace et le temps, qui nous aident à donner un sens au monde. Il a divisé le monde en Phénomène (ce que nous voyons, le monde tel que nous le voyons) et en Noumène (comment les choses sont réellement).

Ingrid : Ça ressemble beaucoup à la façon de penser de Platon. Lui aussi disait que ce que nous percevons n'est pas le réel, mais seulement une ombre du réel.

Professeur Aymard : C'est une façon de voir les choses. Kant dit que nous ne pouvons pas vraiment connaître la nature des choses, ce qu'il appelait la chose en soi. Prenons cet **arbre**, par exemple. Nous nous servons de nos sens pour le voir, le toucher, même le goûter, et nous nous servons de notre raison pour le comprendre et déterminer ce qu'il signifie pour nous. Mais quant à savoir ce qu'est l'arbre en lui-même... Nous ne pouvons pas le savoir. Et cela n'a aucun sens d'essayer d'aller au-delà de ce que nous voyons.

Émilie : Et comment Kant a-t-il donné un sens à Dieu, à la beauté ou à la bonté ?

Professeur Aymard : C'est une bonne question. Kant croyait en Dieu, mais il ne croyait pas que nous pouvions avoir une connaissance significative de Dieu. Ce sujet dépasse les limites de ce que nos sens et notre raison pourraient nous communiquer.

Ingrid : La philosophie se limite donc à ce que nous pouvons voir, et à ce que notre raison peut nous communiquer sur ce que nous voyons.

Professeur Aymard : Le problème, c'est que les théories de Kant n'empêchaient pas les gens de penser qu'ils étaient capables de parler de ces autres choses. Même si nous ne savons pas ce qu'est vraiment un arbre, dans l'absolu, nous avons une certaine connaissance de nous-mêmes. Chacun de nous est une chose, comme l'a démontré Descartes.

Ingrid : Merci pour ces clarifications sur la pensée de Kant, Mr Aymard.

Professeur Aymard : Vous savez quoi ? Beaucoup de personnes étaient en désaccord avec Kant. Nous parlerons de l'un de ses plus grands **détracteurs** lors du prochain cours.

Grégory : Faites-vous référence à Nietzsche ? J'ai hâte d'en discuter !

Ingrid : Pourquoi ? J'ai entendu dire que ce qu'il racontait était horrible.

Professeur Aymard : Ne vous fiez pas à ce que vous avez lu sur Nietzsche, Ingrid. Ce qu'il a dit n'est pas aussi horrible que ce que vous pensez... Bon, je ferais mieux d'y aller. Je vais au Café de Flore pour un café et un bon gâteau au chocolat.

Émilie : Au revoir, Mr Aymard, et encore merci.

Points clés :

- *Emmanuel Kant est l'une des figures les plus importantes de la philosophie occidentale. Son travail est une synthèse du rationalisme et de l'empirisme. Nous acquérons la connaissance du monde grâce à nos sens et à notre raison. Mais la véritable essence des choses est inconnaissable : la chose en soi. La théorie éthique de Kant se focalisait plutôt sur les actions que sur les conséquences. Avant toute action, nous devons nous demander : « Est-ce que c'est mon devoir ? ». Si c'est le cas, alors c'est la bonne façon d'agir. Cela peut sembler strict, mais le raisonnement de Kant était solide logiquement, même si certaines des conséquences étaient désagréables.*

Vocabulaire

avoir du mal to struggle with
des règles rules
la loi the law
un devoir an duty
tuer to kill
mentir to lie
faire confiance à to trust
un arbre a tree
un détracteur a critic

CHAPITRE DOUZE : SCHOPENHAUER ET NIETZSCHE

Ingrid, Grégory et Émilie vont au Café de Flore après leur cours avec le professeur Aymard sur Schopenhauer et Nietzsche. Ils sont tous tristes et Robert leur apporte des cafés.

Professeur Aymard : Schopenhauer et Nietzsche sont deux géants de la philosophie du XIXe siècle. Nietzsche a été profondément influencé par Schopenhauer, qui, à son tour, a été fortement influencé par Kant. Mais Nietzsche a rejeté la philosophie de Schopenhauer, à laquelle il reprochait d'être étouffante et de ne pas aller assez loin, au-delà de la **souffrance**, pour avoir un sens. Nietzsche ne niait pas la présence de la souffrance dans la vie. Mais il affirmait que cette souffrance pouvait être surmontée. Il nous suggère de penser à un instant extrêmement heureux de nos vies, un instant qui définirait notre vie, et nous rappelle que pour ce seul instant, la souffrance que nous éprouvons en vaut la peine. Il est possible de **donner un sens** à la souffrance, car elle est mêlée de joie, et cette joie est authentique et réelle. Pour Schopenhauer, la souffrance est un point final, mais pour Nietzsche, il est possible de donner un sens à sa vie grâce aux moments de joie.

Grégory : Nietzsche a mauvaise réputation. Beaucoup de gens rejettent complètement ses idées, non ?

Professeur Aymard : C'est vrai, mais Nietzsche a présenté beaucoup d'idées importantes. On doit le prendre au sérieux, même s'il avait une personnalité étrange. Il a proposé, par exemple, l'idée qu'au moment de sa mort, une personne recommence toute sa vie exactement de la même manière et pour l'éternité. Pensez-y un instant. Son but n'était pas de proposer une autre version de l'au-delà, mais simplement de nous faire apprécier les moments de joie qui composent l'ensemble.

Grégory : Pour nous sentir mieux dans nos vies ?

Professeur Aymard : En quelque sorte. Il expliquait que pour comprendre la joie, nous avons aussi besoin de souffrance. Pense à l'instant où tu t'es senti le plus heureux dans ta vie, mais sois conscient que pour arriver à cet instant, tu en as vécu beaucoup d'autres, certains bons et d'autres mauvais. Tu acceptes cette idée ? C'était le défi de Nietzsche. Il a écrit un beau livre intitulé *Ainsi parlait Zarathoustra*, dans lequel il s'est servi d'un personnage, le prophète Zarathoustra, pour communiquer ses idées. Il disait que Dieu était mort, et il **a consacré** sa vie à essayer d'expliquer, à travers sa philosophie, comment la vie pouvait malgré tout avoir un sens. La mort de Dieu représentait la mort de la philosophie occidentale. Nietzsche croyait que la morale telle que nous la connaissions était fausse, qu'elle était basée uniquement sur une inversion de l'éthique grecque par ses héritiers chrétiens.

Émilie : Et est-ce qu'il a réussi à trouver ce sens qu'il recherchait ?

Professeur Aymard : Il a essayé en tout cas. Sans Dieu, c'était la fin de tout ce qui était tenu pour acquis jusqu'à présent : la morale, **la vérité** absolue, la composition de l'univers. Tout pouvait être soumis au doute. Nietzsche voulait donner un sens à l'existence sans avoir besoin de quelque chose d'extérieur à soi-même. Nous étudierons bientôt l'existentialisme et vous verrez que Nietzsche fut l'un des premiers à adopter ce courant de pensée, qui affirme que l'existence précède l'essence. La prochaine fois, nous parlerons de philosophes très différents et nous verrons comment la philosophie est arrivée au XXème siècle !

Après la fin de la classe, Ingrid, Grégory et Émilie vont au Café de Flore, où ils retrouvent Robert.

Grégory : Le cours d'aujourd'hui était vraiment déprimant. « La vie n'est que souffrance », c'était en gros le sujet d'aujourd'hui. Je n'ai pas vraiment envie de manger du gâteau.

Robert : Et vous avez parlé de Schopenhauer aussi, non ?

Grégory : Comment tu sais ?

Robert : C'est un peu le philosophe du pessimisme. Il disait que la vie n'était que souffrance et qu'il n'y avait rien d'autre.

Émilie : Il ne s'est pas contenté de le dire. Il a écrit un ouvrage important, *Le monde comme **volonté** et représentation*. Il y a défendu l'idée que le monde était notre propre représentation. Nous lui donnons un sens à travers notre intellect, en utilisant des concepts tels que l'espace et le temps. Mais ça ne fait que nous montrer à quoi ressemble le monde, ça ne nous révèle pas l'aspect clé, la réalité de ce que nous regardons.

Ingrid : Kant l'appelait la chose en soi, il me semble... Il disait que nous ne pouvions pas savoir avec certitude ce qu'est une chose en soi. Nous pouvons observer un arbre, mais nous ne pouvons pas savoir ce que c'est que d'être un arbre, ni voir l'arbre uniquement en tant qu'arbre.

Émilie : Et Schopenhauer pensait la même chose. Mais pour Schopenhauer, nous pouvons nous connaître en tant que chose en soi. C'est ce qu'il appelait le testament. La volonté est la chose en soi. Ce fut sa plus grande contribution à la philosophie. Nous ne comprenons pas ce que c'est qu'être un arbre, mais nous savons ce que c'est que d'être nous-mêmes, et c'est ce qu'il a appelé la volonté.

Ingrid : C'est quoi le testament ?

Émilie : Kant disait que la chose en soi était inconnaissable, mais Schopenhauer affirmait que nous pouvions la connaitre en regardant à l'intérieur de nous-mêmes. Nous nous connaissons et nous savons comment nous fonctionnons.

Ingrid : Mais pour l'arbre ?

Émilie : Schopenhauer aurait dit que l'arbre aussi a une volonté. La volonté était sa réponse à tout, mais au final, la volonté est inutile. Elle nous mène à la mort. La volonté est une impulsion à faire quelque chose, à aller au-delà de ce que nous vivons à l'instant. Nous voulons escalader une montagne ou manger une pomme. Tout ce que nous faisons provient d'une volonté initiale. L'arbre veut pousser, même s'il a aussi des limites.

Robert : C'est comme par exemple quand on souffle des bulles de savon, et on essaie d'en faire des aussi grosses que possible. Nous le faisons, même si nous savons qu'elles finiront par exploser. C'est la même chose dans la vie. Nous la vivons et nous nous l'approprions, même si nous savons qu'elle aura une fin. Ça pourrait paraître illogique, mais nous ne pouvons pas nous empêcher de la vivre.

Émilie : C'est vraiment déprimant !

Grégory : Nietzsche n'était pas mieux. J'ai beaucoup lu sur lui. Il remettait tout en question, y compris le christianisme et les fondements de la morale. Pour lui, notre façon de voir le monde était incorrecte. Tout ce sur quoi reposaient nos valeurs devait être réévalué. Il distinguait deux forces, la dionysiaque et l'apollinienne, qu'il a nommées d'après les dieux grecs Dionysos et Apollon. Le premier était symbole d'excès et de frénésie, le second était symbole de raison. Pour Nietzsche, la culture chrétienne et sa morale reniaient la vie. Il n'y avait pas d'éléments dionysiaques. Ce qu'il fallait, c'était un retour à l'équilibre du passé et au monde des Grecs.

Émilie : Il a donc complètement rejeté le christianisme ?

Grégory : Oui, et la culture que le christianisme a créée. Il défendait l'idée que tout ce qui n'allait pas dans la société découlait de son héritage chrétien. La vie n'a aucun sens, sauf le sens que nous créons pour nous-mêmes en créant nos propres valeurs.

Ingrid : Il ne croyait pas à Superman ou quelque chose comme ça ?

Grégory : Pas Superman, le Surhomme. Le mot allemand, *Ubermensch*, est mal traduit. Il signifie en fait « sur l'homme » ou « sur la personne ». Ça fait référence au genre de personne qu'il faut être pour voir les problèmes identifiés par Nietzsche et les **surmonter**. Nietzsche voulait que les gens créent leurs propres valeurs.

Ingrid : C'est dangereux, ça, si chaque humain décidait de comment il était correct de mener sa vie...

Grégory : À mon avis, Nietzsche ne s'inquiétait pas trop du danger. Seul un certain type de personne était capable selon lui de se créer ses valeurs : l'*Ubermensch*.

Robert : C'est sûr, Nietzsche a mauvaise réputation parmi les philosophes. Mais à son époque, il était ignoré. A la fin de sa vie, il est devenu fou. Un jour, à Turin, il vit un cocher utiliser son fouet avec son cheval, et il courut pour serrer le cheval dans ses bras. Ce moment marqua le début de sa folie, qui dura dix ans, jusqu'à sa **mort**.

Grégory : C'est sa sœur Élisabeth qui s'est occupée de lui. Mais elle a utilisé ses écrits à son avantage et a déformé le message de Nietzsche. Ce n'est qu'à partir des années 1960 que Nietzsche a commencé à être pris au sérieux par les universitaires. De nouvelles traductions de ses œuvres ont été publiées, et son œuvre a eu une influence dans beaucoup de domaines, de la critique littéraire à l'architecture, et bien sûr la philosophie.

Émilie : C'est lui qui a dit « Dieu est mort ». C'est sa citation la plus connue, non ?

Grégory : Oui, mais Nietzsche n'était pas un athée traditionnel. On ne peut tuer ce qui n'était pas initialement vivant. Ce n'est pas que Nietzsche ne croyait pas en Dieu - il était fils et petit-fils de pasteurs luthériens - mais il croyait qu'il avait dépassé le besoin de Dieu. Le but de sa philosophie était de donner un sens à ce qui arriverait si on croyait sérieusement que Dieu était mort. Le romancier russe Dostoïevski a écrit : « Sans Dieu, tout est permis ». Nietzsche s'intéressait à ce que ça voulait dire et comment ces mots étaient devenus réalité. Selon lui, la plupart des gens ne pouvaient pas appliquer sa philosophie. Ils étaient incapables de créer leurs propres valeurs.

Ingrid : Il était donc élitiste ? Sa philosophie ne s'adressait qu'à une certaine catégorie de personnes.

Émilie : Qu'est-ce que tu veux dire par élitiste ?

Ingrid : Quelqu'un qui ne croit pas en l'égalité. Le philosophe politique Karl Marx expliquait que le monde était contrôlé par des élites qui contrôlaient les moyens avec lesquels vivaient les autres. Il appelait cette élite la bourgeoisie. Ce sont des personnes en position de pouvoir économique, politique ou intellectuel.

Grégory : Mais Nietzsche n'est pas le seul philosophe qu'on peut accuser d'élitisme. La plupart des gens étaient auparavant trop occupés à survivre pour se soucier de la philosophie. La philosophie était exclusive aux élites de la société qui pouvaient se permettre de prendre du temps pour philosopher ! Nous avons de la chance de pouvoir le faire. Mais dans les siècles passés, si vous n'aviez pas beaucoup d'argent, vous n'aviez pas le temps de vous asseoir et de réfléchir.

Ingrid : Nietzsche aurait-il été d'accord avec toi ? Je suis étonnée de te voir aussi enthousiaste d'étudier la philosophie, Grégory !

Grégory : Nietzsche critiquait en général la philosophie qui l'a précédé, même s'il a commencé sa carrière universitaire en étudiant les classiques et la Grèce antique. Les philosophes présocratiques que nous avons étudiés au début du cours l'ont inspiré. Il aimait aussi la musique de Wagner, même s'ils se disputaient parfois quand Nietzsche lui reprochait d'être trop chrétien.

Émilie : Trop chrétien ? Je pensais que Wagner s'intéressait aux mythes et aux légendes allemandes. J'ai l'impression que Nietzsche n'était pas une personne facile.

Grégory : Tu as probablement raison, mais Wagner n'était pas facile non plus. Malgré tout, Nietzsche a cultivé des amitiés profondes et durables, et il aimait faire du piano lui aussi. Ce n'était pas une mauvaise personne.

Ingrid : Tu vas te tatouer une citation de Nietzsche sur l'autre bras ?

Grégory : Je ne pense pas, non…

Points clés :

- *Schopenhauer et Nietzsche sont des géants de la philosophie du XIXème siècle. Schopenhauer se disait disciple de Kant. Contrairement à Kant, cependant, il croyait qu'il était possible d'acquérir une connaissance de la chose en soi. C'est ce qu'il appelait le testament. Nietzsche a été profondément influencé par Schopenhauer, mais il a rejeté une grande partie de ce qu'il enseignait, argumentant que la philosophie occidentale était basée principalement sur un christianisme qui avait contaminé tous les aspects de la vie culturelle. Selon lui, la philosophie devait être réévaluée et les individus pouvaient créer leurs propres systèmes de valeurs et s'élever au-dessus de ce qui les précédait.*

Vocabulaire

la souffrance the suffering
donner un sens à to give meaning to
un personnage a character
consacrer to dedicate
la vérité the truth
la volonté the willingness
surmonter to overcome
mort dead

CHAPITRE TREIZE : LE XXÈME SIÈCLE : RUSSELL, MOORE ET WITTGENSTEIN, LES TROIS SAGES DE CAMBRIDGE

*Mr Aymard parle du développement de la philosophie au XXème siècle. Après la classe, Ingrid, Grégory et Émilie, vont s'asseoir sur **la pelouse** du jardin de l'université, comme le font beaucoup d'étudiants les jours où il fait beau.*

Professeur Aymard : Si le centre de la philosophie dans le monde antique était Athènes, Cambridge en était le centre au début du XXème siècle. Même si certains ne seraient pas d'accord, ici, à Paris. Au XXème siècle, une division donna le jour à deux branches de la philosophie : la philosophie analytique et la philosophie continentale. Cette distinction ne compte pas vraiment aujourd'hui. Mais à cette époque de l'histoire de la philosophie, cette distinction était claire. Dans notre prochain cours, nous parlerons de la philosophie continentale et de Sartre au Café de Flore, à Paris. Mais pour l'instant, je veux que vous vous imaginiez à l'Université de Cambridge, en Angleterre...

Mr Aymard continue sa présentation et parle de Russell, Moore et Wittgenstein. Quand il a fini, il répond aux questions des étudiants.

Émilie : Monsieur, quelle est la différence entre la philosophie analytique et la philosophie continentale ?

Professeur Aymard : C'est une bonne question, mais j'y répondrai en détail au prochain cours. Pour l'instant, tout ce que vous devez savoir, c'est que la philosophie analytique s'intéresse en général à l'argumentation logique et à la structure du langage. Les philosophes de Cambridge dont nous avons parlé aujourd'hui étaient analytiques. La philosophie continentale, quant à elle, a un style très différent.

Grégory : Ce sont des manières différentes de faire de la philosophie ?

Professeur Aymard : Absolument. L'œuvre la plus importante de Ludwig Wittgenstein, *Tractatus Logico-Philosophicus*, est écrite dans un style remarquablement concis et logique. Si vous la comparez au roman *La Nausée* de Jean-Paul Sartre, vous verrez que les deux ont des styles très différents. Mais dans les deux cas, ça reste de la philosophie.

Grégory : La philosophie n'a pas besoin d'être écrite, de toutes façons... Nous sommes en train de faire de la philosophie à l'instant même, avec la pensée et les mots.

Professeur Aymard : Tout à fait. Les trois figures majeures de Cambridge représentent la tradition analytique de la philosophie. Leurs œuvres, en particulier celles de Wittgenstein, sont encore étudiées aujourd'hui.

Mr Aymard termine son cours, et les trois étudiants sortent dans le jardin.

Émilie : Bertrand Russell avait une excellente définition de la philosophie. Il l'appelait le « No man's land entre la science et la théologie ».

Grégory : C'est juste. Les Grecs traitaient la philosophie comme une science, mais la théologie s'en est également servie au Moyen-âge. Après les Lumières, la philosophie est devenue d'une certaine manière un mélange des deux. C'est vraiment une bonne définition, ça... Russell ne s'intéressait pas seulement aux questions de mathématiques, il a écrit des livres sur toutes sortes de sujets philosophiques. Il s'est opposé aux **armes** nucléaires, et il a également mis par écrit l'histoire de la philosophie occidentale.

Ingrid : C'est exactement le livre qu'il nous faut ! Wittgenstein disait avoir résolu tous les problèmes de la philosophie. La philosophie n'aurait plus de raison d'exister si c'était vraiment le cas.[2]

Grégory : Enfin quelqu'un qui a toutes les réponses ! Mais pourquoi est-ce qu'il a dit ça ? On a appris que les déclarations absolutistes comme ça sont risquées. Et il y aura toujours quelqu'un pour vous contredire.

Ingrid : En fait, il s'est repris... Dans son *Tractatus logico-philosophicus*, il a dit que tout ce qui pouvait être pensé pouvait être dit. Mais que cela ne servait à rien de parler de ce à quoi on ne pouvait pas penser, comme Dieu par exemple, la beauté ou la bonté. Il a dit : « Ce dont on ne peut parler, il faut le taire. »

Émilie : C'est dramatique !

---

[2] Ce point est expliqué plus en détail dans la préface du *Tractatus logico-philosophicus*, où Wittgenstein écrivit : « La vérité des pensées ici communiquées me semble imprenable et définitive. Par conséquent, je considère que j'ai trouvé, dans tous les points essentiels, la solution définitive à ces problèmes. Et si je ne me trompe pas, le deuxième mérite de ce travail est de montrer le peu de résultats obtenus une fois ces problèmes résolus. »

Ingrid : Certains voient en ces mots un point final à la philosophie, une triste fin aux discussions sur les sujets qui comptent vraiment. Je ne suis pas sûre que Wittgenstein ait été satisfait de ses conclusions, et pourquoi l'aurait-il été ? N'est-il pas bon de parler de beauté, de vérité et de Dieu ? Je suppose que c'est la raison pour laquelle il est retourné à Cambridge quelques années plus tard pour recommencer son travail. Il s'est rendu compte qu'il avait été trop dogmatique dans le *Tractatus logico-philosophicus*. Il a écrit un livre publié aujourd'hui sous le titre *Philosophical Investigations*, même si Wittgenstein ne l'avait pas initialement publié, ni aucun autre ouvrage d'ailleurs. Il y expose des points de vue bien différents. Il voulait créer un langage parfait, qui exprimerait tout avec une précision absolue.

Grégory : Il a **réussi** ?

Ingrid : il s'est rendu compte que le langage était comme un jeu d'échecs ou de football. Il y a certaines règles du jeu que nous apprenons enfants et au fur et à mesure que nous grandissons. Nous connaissons tous les règles et nous les respectons. Autrement, le langage ne fonctionnerait pas. Imaginez la confusion si pour moi « tomate » voulait en fait dire « arbre ». Nous ne pourrions jamais avoir de conversation claire sur les tomates ni les arbres. Nous comprenons tous les deux implicitement ce que l'autre personne exprime à travers les mots et leurs significations sous-jacentes. Nous serions incapables d'apprendre d'autres langues si ce n'était pas le cas.

Émilie : Pourquoi tu aimes autant Wittgenstein, Ingrid ?

Ingrid : Je trouve que c'était quelqu'un d'intéressant. Sa famille était une des familles industrielles les plus riches de Vienne, mais Wittgenstein céda la majeure partie de son héritage. Un de ses frères devint un pianiste célèbre, même s'il n'avait qu'un bras. Il écrivit plusieurs concertos pour piano d'une seule main. Sa sœur fut peinte par Gustav Klimt. Wittgenstein lui-même envisagea de devenir moine et travailla pendant un certain temps en tant que jardinier dans un monastère et en tant qu'instituteur. Il commença la philosophie après avoir étudié les mathématiques.

Émilie : Les mathématiques ? Quel rapport avec la philosophie ?

Ingrid : Il y a un rapport, apparemment. Il a étudié l'aéronautique à l'Université de Manchester, il voulait concevoir sa propre machine volante, mais il s'est finalement tourné vers les mathématiques. Il voulait investiguer le concept de chiffres et de nombres. D'où venait la notion de nombre ? Les nombres ressemblaient-ils aux formes platoniciennes ? Quelle était la base des mathématiques ? Ce sont des questions philosophiques auxquelles Wittgenstein a tenté de répondre.

Grégory : Il aimait aussi les Westerns, je crois...

Ingrid : Oui, il allait au cinéma pour voir des Westerns. C'était sa façon de se détendre !

Grégory : Je me demande pourquoi il y a eu tant de philosophes célèbres à Cambridge.

Émilie : C'est une des plus grandes universités du monde et on y étudie la philosophie depuis des siècles.

Wittgenstein est probablement le philosophe le plus célèbre à y avoir travaillé. Son héritage perdure et son travail reste pertinent pour les philosophes d'aujourd'hui.

Grégory : Et il croyait vraiment avoir résolu tous les problèmes de la philosophie ?

Émilie : Ses derniers travaux ont été publiés dans un livre intitulé *On Certainty*, dans lequel il conteste l'article de G. E. Moore intitulé *Une preuve du monde extérieur*. Moore tentait de prouver l'existence d'un monde en dehors de nos sens. C'était une réponse au scepticisme qui, à son extrême, **nie** que nous puissions avoir connaissance de quoi que ce soit. Moore a levé la main et a déclaré : « Voici une main. » Il semblait évident que cela devait être vrai, mais Wittgenstein a contesté l'hypothèse selon laquelle il pouvait vraiment en être sûr. Selon Wittgenstein, les idées que nous tenons pour vraies existent dans un cadre d'idées raisonnablement vraies : J'ai toujours vécu l'expérience d'avoir une main, la main a toujours été là, etc... Il est donc raisonnable d'accepter que j'aie une main, même si, en soi, ce n'est pas aussi certain que Moore l'aurait souhaité.

Ingrid : La première partie du XXème siècle fut un **tournant** important en philosophie. Russell, Moore et Wittgenstein étaient à la pointe de l'analyse logique. Ils voulaient clarifier les problèmes philosophiques et les fonder sur la logique, et non sur des affirmations métaphysiques.

Grégory : Un tournant ? Un développement au moins...

Ingrid : Un groupe de penseurs connu sous le nom de cercle de Vienne a déclaré que les problèmes philosophiques n'étaient pertinents que s'ils pouvaient être résolus par une analyse logique. C'est ce qu'on a appelé le positivisme logique. Russell et Wittgenstein étaient partisans de l'atomisme logique.

Grégory : Qu'est-ce que ça veut dire ?

Ingrid : Ça veut dire qu'ils sont allés un peu plus loin et ils ont analysé les parties qui composaient les phrases pour voir si elles avaient un sens.

Grégory : Tu peux me donner un exemple ?

Émilie : Bien sûr. Comment tu répondrais à cette question : Est-ce que le roi de France actuel est **chauve** ?

Grégory : Il n'y a pas de roi de France. Depuis la révolution, tu le sais bien...

Émilie : Je le sais bien. Mais justement : « Est-ce que le roi de France actuel est chauve ? » est une phrase qui a du sens en elle-même. Chaque partie de la phrase a un sens. Nous savons ce que c'est qu'un roi, nous savons que la France est un pays et nous savons à quoi ressemble un homme chauve. Mais si tu mets tout ça ensemble, la question n'a quand même pas de sens. C'est une phrase qui ne correspond à rien dans le monde. L'atomisme logique examine la composition des différentes parties d'une phrase pour déterminer si elles sont vraies ou non. Il n'y a pas de roi en France, il ne peut donc être chauve. C'est absurde, même si la phrase est structurellement correcte. Il n'y a pas non plus de roi de France avec des cheveux. Dans un sens ou dans l'autre, c'est faux.

Grégory : C'est donc un paradoxe qu'on ne peut pas résoudre ?

Émilie : Ça s'appelle « le paradoxe de Russell ». Bertrand Russel a essayé de le résoudre en expliquant que la proposition manquait d'une référence adéquate dans le monde : Il n'y a tout simplement pas de rois en France. Peu importe comment on le formule, on ne fait référence à rien qui existe.

Grégory : Et la même chose s'applique aux énoncés philosophiques, c'est ça ?

Ingrid : Exactement. Dire « c'est beau » peut sembler avoir un sens, mais correspond-il vraiment à quelque chose dans le monde ? Ce sont là quelques-uns des problèmes sur lesquels Russell, Moore et Wittgenstein se sont penchés. Dans quelle mesure le monde correspond-il à la manière dont nous en parlons ?

Émilie : C'était un développement important en philosophie.

Grégory : Et est-ce toujours d'actualité aujourd'hui ?

Ingrid : La question de savoir comment nous utilisons le langage est toujours aussi importante aujourd'hui. Peut-être même plus. C'est le cas des débats actuels autour des fake news et des réseaux sociaux. N'importe qui peut présenter ses arguments au public, mais qui vérifie les faits et la vérité derrière ces arguments ?

Émilie : Nous utiliserons toujours le langage pour communiquer. Sans en comprendre les règles du **jeu**, nous ne pouvons pas nous comprendre.

Grégory : Mais c'est un jeu qu'on est obligés de jouer. On ne peut pas choisir de ne pas y participer...

Ingrid : C'est sûr. Mais ce qui compte, c'est de bien jouer, et c'est la raison pour laquelle nous avons besoin de la philosophie. Elle nous aide à utiliser le langage pour clarifier nos pensées. Ni nous ni Mr Aymard ne croyons que la philosophie est finie ! Mais le langage nous aide à identifier ce qui est et ce qui n'est pas un problème philosophique.

Grégory : Intéressant...

Points clés :

- *Russell, Moore et Wittgenstein représentent le développement de la philosophie analytique au XXeme siècle. Ils s'intéressaient aux structures du langage et à la forme logique des arguments. Wittgenstein croyait avoir résolu tous les problèmes de la philosophie et quitta Cambridge, mais il y retourna en 1929 pour continuer son travail. Il n'a jamais rien publié, mais ses élèves ont pris beaucoup de notes de ses cours, et il a laissé derrière lui un corpus d'œuvres qui résonne encore aujourd'hui dans les cercles philosophiques.*

Vocabulaire

la pelouse the grass
des armes weapons
réussir to succeed
nier to deny
un tournant a turning point
chauve bald
un jeu / jouer a game / to play

CHAPITRE QUATORZE : SARTRE ET L'EXISTENTIALISME FRANÇAIS : LA MÉTHODE CONTINENTALE

Ingrid, Grégory et Émilie ont commencé le cours sur la philosophie continentale. Plus tard, ils croisent Mr Aymard au Café de Flore. Leur prochain cours est dans l'après-midi, mais Mr Aymard a l'air anxieux. Les étudiants découvrent quelque chose de surprenant à propos de Robert.

Professeur Aymard : Je veux terminer notre cours sur Sartre et l'existentialisme français en parlant un peu de la **soi-disant** division entre la philosophie « analytique » et la philosophie « continentale ». Nous avons étudié de nombreuses périodes différentes dans l'histoire de la philosophie : les Grecs anciens, les scolastiques, la période moderne… Au XXème siècle, on distingue deux types de philosophie : la philosophie analytique et la philosophie continentale. Dans le cours précédent, nous avons parlé des philosophes analytiques comme Russell et Wittgenstein. Ces penseurs s'intéressaient principalement au sens des affirmations et à la manière dont la vérité pouvait être vérifiée. Ils s'appuyaient sur des processus logiques pour arriver à leurs conclusions, et ils écrivaient d'une manière qui permettait de bien suivre leurs arguments.

Grégory : N'est-ce pas la meilleure façon de faire de la philosophie ?

Professeur Aymard : C'est une manière de faire de la philosophie. C'est comme ça que beaucoup de penseurs que nous avons étudiés faisaient de la philosophie. La philosophie analytique n'a été définie comme telle qu'au XXème siècle. Mais avant le XXème siècle, il y avait des philosophes et écrivains qui suivaient la méthode « analytique », comme Leibniz ou Hume. Cette méthode contraste avec la philosophie « continentale », que nous avons étudiée aujourd'hui. Elle est née, sans surprise, sur le continent européen, où des penseurs comme Jean-Paul Sartre ont adopté une façon particulière de penser la philosophie qui se concentrait sur soi et notre place dans le monde, plutôt que d'examiner le monde d'un point de vue neutre.

Ingrid : Et quelle méthode vous préférez, Mr Aymard ?

Professeur Aymard : Je ne préfère ni l'une ni l'autre. Cette division entre philosophie analytique et continentale s'est estompée ces dernières années. Les philosophes veulent rentrer dans le vif du sujet, plutôt que de discuter de la méthode. Les préoccupations philosophiques sont pertinentes pour les penseurs analytiques et continentaux. Personnellement, je trouve de la **sagesse** dans toutes les traditions philosophiques !

Plus tard dans l'après-midi, Ingrid, Grégory et Émilie vont au Café de Flore, à leur habitude. Ils y croisent Mr Aymard qui a l'air de bien connaître Robert !

Robert : Bonjour, Mr Aymard. Je suis content de vous voir.

Professeur Aymard : Ah, Robert, comment allez-vous ? Comment se passent vos **recherches** ?

Robert : Très bien, merci. Je viens de finir un autre chapitre. Je vous l'enverrai la semaine prochaine.

Grégory : Un autre chapitre ? Des recherches ? De quoi parlez-vous ?

Professeur Aymard : Robert est un de nos doctorants les plus prometteurs. Il ne vous a pas dit qu'il faisait une thèse sur Sartre ?

Ingrid, Grégory et Émilie échangent un regard surpris. Malgré tout le temps qu'ils ont passé au café, Robert ne leur avait jamais dit qu'il étudiait aussi la philosophie.

Ingrid : Tu ne nous as rien dit, Robert !

Robert : Vous ne me l'avez pas demandé non plus ! Je travaille ici dans la journée, et j'étudie le soir. J'ai suivi le même cours que vous faites il y a cinq ans. La philosophie m'a tellement intéressé que j'ai continué à l'étudier. Mr Aymard était l'un de mes professeurs.

Professeur Aymard : Vous pouvez en apprendre beaucoup de Robert. En plus, nous sommes dans le café que Sartre lui-même fréquentait à l'époque. Bon je vous laisse, et Robert, ce fut un plaisir de vous voir.

Mr Aymard s'assoit à une table voisine.

Émilie : C'est dommage que tu ne nous aies rien dit. Tu as dû nous trouver vraiment stupides !

Robert : Pas du tout. Ce n'est pas facile, la philosophie. Il faut du temps pour apprendre à réfléchir correctement. Vous faites du bon travail, tous. Je ne suis pas convaincu du tatouage de Grégory, mais bon...

Grégory : Je ne suis plus très convaincu non plus...

Ingrid : Tu dois en savoir beaucoup sur Sartre, Robert.

Robert : Beaucoup, oui, mais il y en a toujours plus à apprendre ! Mr Aymard vous aura déjà parlé de la division qui a eu lieu au XXème siècle entre les philosophes analytiques et les philosophes continentaux. Sartre, et d'autres comme lui à Paris, étaient des philosophes continentaux, même si on ne fait plus vraiment la distinction entre ces deux courants aujourd'hui.

Grégory : Pourquoi pas ?

Robert : Parce que les philosophes ont commencé à réaliser que bon nombre des questions auxquelles ils réfléchissaient étaient très similaires. L'approche peut être différente, mais le but reste le même. Tous les philosophes tentent de se comprendre et de mieux comprendre le monde qui les entoure. Peu importe si on se sert d'arguments logiques stricts, ou si on écrit des pièces de théâtre ou des **romans**. Si la philosophie est l'amour de la sagesse, peu importe comment cette sagesse s'exprime.

Émilie : Sartre était un existentialiste, non ?

Robert : C'est vrai. Pour Sartre, la philosophie avait un rapport avec la liberté. Il affirmait que « l'existence précédait l'essence ». Nous sommes des êtres dans le monde. D'abord nous existons, et ensuite nous découvrons ce que le monde signifie. Beaucoup de gens vivent ce que Sartre appelait des « vies inauthentiques ». Ils sont définis par ce qu'ils font plutôt que par qui ils sont. Je pourrais simplement me présenter en tant que serveur, mais ça ne vous révèlerait rien sur qui je suis vraiment. Vous avez tous été surpris d'apprendre que je faisais de la philosophie depuis des années, et votre attitude envers moi a changé. Sartre dirait que vous avez découvert quelque chose sur mon moi authentique, quelque chose que vous ne connaissiez pas auparavant. Mais fondamentalement, je reste toujours la même personne. Peu importe que je sois chauffeur de bus ou neurochirurgien : mon existence précède mon essence.

Grégory : Nous sommes donc tous égaux aux yeux de Sartre.

Robert : Sartre sympathisait avec le marxisme. Il croyait à l'égalité, oui. Mais ce que nous sommes n'est pas prédéterminé. Il n'y a pas de dieu ou de volonté extérieure qui nous pousse dans un sens ou dans l'autre. Nous ne devrions pas nous définir par des choses comme notre travail ou le montant d'argent sur notre compte en banque. Au lieu de demander aux gens ce qu'ils font dans la vie, il serait préférable de leur demander quel genre de personnes ils sont. Qui es-tu ? C'est le point de départ essentiel, pour Sartre. Mais ça peut faire peur à certains. Beaucoup de personnes préfèrent vivre dans les limites des règles et des lieux communs prédéterminés de la société. Durant les cinquante dernières années, la façon dont les gens se définissaient et ce qu'ils voulaient être a beaucoup changé. Sartre disait que nous étions « condamnés à être **libres** ».

Ingrid : Condamnés à être libres ? Qu'est-ce qu'il voulait dire ?

Robert : Dans le passé, beaucoup de gens croyaient que leur vie était gouvernée par Dieu ou par certaines façons d'être. Sartre disait que comment nous étions dans le monde n'est pas prédéterminé. Ça pouvait en effrayer certains, mais pour Sartre, c'était une opportunité pour vivre une vie complètement authentique. La **liberté** est un fait auquel nous ne pouvons pas échapper, malgré tous nos efforts. Nous sommes les artistes de notre propre destin.

Grégory : C'est une façon très poétique de le dire. Ça me plait.

Robert : Tu sais, Sartre était entouré d'artistes, d'écrivains, de poètes et de philosophes. Il a vécu à l'époque passionnante du développement de la philosophie et de la culture françaises, et pendant deux guerres mondiales qui ont eu une influence considérable sur sa philosophie. Son argument est que nous sommes capables de créer nos propres destinées sans être attachés à des façons d'être inauthentiques. L'existentialisme traite de la manière dont nous nous rapportons au monde qui nous entoure. Pensez aux autres idéologies philosophiques que vous avez étudiées. Pour beaucoup d'entre elles, le point de départ est quelqu'un qui observe le monde ou s'observe lui-même, et en tire des conclusions. L'existentialisme est différent. Nous sommes des êtres impliqués dans le monde. Nous en faisons partie, nous ne sommes pas séparés de lui. Je fais autant partie du monde qu'une rivière ou qu'un arbre. J'existe dans ce monde, et sur la base de cette existence, je trace mon propre chemin. C'est beau comme concept !

Grégory : Par conséquent, la vie est ce que nous en faisons nous-mêmes...

Robert : Tant que nous la vivons de façon authentique, oui. La plus grande différence entre le style de Sartre et, disons, celui de Wittgenstein, est dans la manière dont ils communiquaient leurs idées. Wittgenstein, un philosophe analytique dont vous avez parlé dans votre dernier cours, écrivait en séquences logiques organisées, présentant une idée après l'autre. Mais Sartre préférait communiquer ses idées philosophiques à travers des romans et des pièces de théâtre. Son roman le plus célèbre, *Nausée*, raconte l'histoire d'un homme qui réalise les implications de la liberté radicale prônée par Sartre. Il a également écrit une pièce **intitulée** *Huis Clos*, qui contient la célèbre phrase « L'enfer, c'est les autres ».

Grégory : C'est exactement le sentiment que j'ai quand je suis dans le métro.

Ingrid : Mais il me semble que la philosophie continentale n'est pas née ici à Paris, ou si ? Mr Aymard a aussi mentionné la phénoménologie. Qu'est-ce que c'est exactement ?

Robert : Ah oui, la phénoménologie... Mes recherches portent sur l'intersection entre l'existentialisme et la phénoménologie dans la pensée de Sartre. La phénoménologie a commencé, en grande partie, avec la psychologie. Au cours du XIXème siècle, beaucoup se sont intéressés au fonctionnement de l'esprit et aux conséquences des troubles mentaux sur les gens. La santé mentale, et le fait de traiter l'esprit comme si c'était un organe, étaient des notions relativement nouvelles. Beaucoup de gens croyaient en la séparation de l'esprit et du corps. Pour eux, c'était deux éléments complètement distincts. Un psychologue du nom de Franz Brentano s'est intéressé au fonctionnement de nos processus de pensée, et un de ses étudiants, un philosophe du nom d'Edmund Husserl, affirmait que la seule connaissance sûre que nous puissions posséder était celle de nos propres processus de pensée, notre propre conscience.

Grégory : Je pense, donc je suis !

Robert : Husserl défendait que Descartes allait dans la bonne direction lorsqu'il parlait de la nécessité d'examiner sa propre conscience afin d'acquérir la vraie connaissance : « Je pense, donc je suis. » Mais il est allé plus loin en s'interrogeant sur la nature et la définition de la conscience. La phénoménologie est une description du contenu de la conscience.

Ingrid : C'est en fait réfléchir sur nos propres pensées, non ? Nos pensées sont les phénomènes, et nous pensons à ces pensées.

Robert : C'est le point de départ.

Émilie : Et les pensées sur nos pensées ? Si on se met à penser aux pensées qui pensent aux pensées, qui pensent aux pensées, etc.… On s'y perd !

Robert : C'est le problème que Husserl a rencontré. Penser au fait qu'on pense ne mène qu'à la certitude de soi-même et à continuer à penser à soi-même. Descartes avait tranché qu'il y avait certaines choses dont nous pouvions être sûrs. Mais le réductionnisme de Husserl ne conduisait qu'au soi, et ce que ça signifiait n'était pas clair non plus.

Grégory : Qu'est-ce c'est, le réductionnisme ?

Robert : Le fait de **réduire** ce dont nous pouvons être sûrs. C'est comme de l'eau bouillante dans une casserole. Si elle continue de chauffer, elle finira par s'évaporer complètement. Ou un morceau de gâteau que nous mangeons jusqu'à ce qu'il n'en reste plus que des miettes dans une assiette. Le problème de Husserl, c'était de savoir jusqu'où il était possible de réduire ce dont nous pouvons être sûrs. Si penser à ses propres pensées est la seule certitude au monde, ça ne nous mène pas loin.

Grégory : Mais la phénoménologie, ça doit quand même être utile comme méthode, non ? Penser à ses pensées, c'est leur accorder une attention particulière.

Robert : Ça nous permet d'étudier notre façon fondamentale de penser, et c'est aussi étroitement lié à l'existentialisme.

Ingrid : Comment ça ?

Robert : Rappelez-vous du slogan de Sartre « L'existence précède l'essence ». De la même façon que la phénoménologie examine nos pensées du point de vue de notre propre conscience, l'existentialisme examine notre être, notre essence, du point de vue de l'existence. On ne peut compter sur rien d'extérieur à nous pour nous définir ou faire de nous ce que nous sommes. La phénoménologie est le processus d'examen de nos pensées d'un point de vue interne objectif. Et l'existentialisme adopte ce même point de vue pour comprendre qui nous sommes et ce que nous prétendons être.

Ingrid : Est-ce que tu peux nous donner un exemple ? Je suis un peu perdue...

Robert : Bien sûr. Faisons une petite expérience. Tu penses à quoi tout de suite ?

Émilie : Je pense au fait que ce point est difficile à comprendre.

Grégory : Et moi je suis en train de penser que j'ai envie de prendre une autre part de gâteau au chocolat.

Robert : Ok, tu penses au gâteau. Et si tu prenais du recul et que tu y réfléchissais objectivement ? Le gâteau est délicieux, tu aimes son goût, mais le gâteau fait aussi grossir et n'est pas bon pour la santé. Manger du gâteau, c'est éprouver du plaisir à l'instant, puis peut-être de la culpabilité ensuite. Voilà un exemple d'analyse phénoménologique simple. Maintenant, imaginons que je sois chauffeur de bus. Quand quelqu'un me demande ce que je fais, je lui réponds que je suis chauffeur de bus. Mais je joue aussi du piano, je fais le meilleur soufflé à Paris, et je suis marié à la plus belle femme du monde. Je suis sympa, prévenant, doux et j'ai un bon sens de l'humour. Pourtant, je ne me suis défini que d'une seule manière, et c'est comme ça que je serai jugé. Je n'ai pas été authentiquement moi-même, car je n'ai pas pris de position objective pour me définir.

Émilie : Je vois. Mais personne ne réfléchit comme ça...

Robert : C'est vrai, mais on devrait.

Grégory : Est-ce que c'est une forme de rationalisme ?

Robert : J'imagine que vous avez réalisé, pendant vos cours, que beaucoup d'aspects de la philosophie sont connectés entre eux. Une idée est basée sur une autre. Il y en a beaucoup qui critiquent les philosophes anciens, mais leurs idées sont très importantes pour nous aujourd'hui. Leibniz a fait son travail, et Husserl a eu ses idées sur la phénoménologie peut-être grâce au fait que Descartes avait étudié la pensée rationaliste. C'est la même chose dans n'importe quelle autre discipline. Nos connaissances de physique sont ce qu'elles sont aujourd'hui parce que Newton s'est un jour assis sous un pommier. Nous avons besoin des idées du passé pour former nos idées dans le présent. C'est ce qu'ont fait tous les philosophes.

Ingrid : Sauf Nietzsche…

Robert : Tu as raison. Nietzsche a suivi son propre chemin. Il a rejeté tous les aspects de l'histoire de la philosophie occidentale. Mais bon… Je pense qu'il approuvait le concept de l'existentialisme. Et il appréciait aussi les premiers philosophes grecs. Il a même écrit un manuel sur eux. Il admirait particulièrement Thalès.

Émilie : Est-ce que les philosophes d'aujourd'hui continuent de parler d'existentialisme et de phénoménologie ? Qu'est-il arrivé à la philosophie continentale ?

Robert : Mes recherches n'auraient aucun sens si on ne continuait pas à en parler ! D'autres mouvements philosophiques sont nés de la tradition continentale. Le structuralisme, par exemple, qui enseigne que les éléments de la culture, et de nos vies en général, sont structurés autour de systèmes qui nous unissent.

Grégory : Ça n'a pas l'air très existentiel, comme concept. Ça élimine la possibilité de créer notre propre essence à partir de notre propre existence.

Robert : Exactement, c'est anti-existentialiste. Claude Lévi-Strauss a recherché des structures similaires dans différentes cultures. Il était anthropologue et il appliquait sa pensée à la culture et à la société dans son ensemble. Le structuralisme examine les symboles qui structurent le monde dans lequel nous vivons. Tout est fixé autour d'un système dans lequel nous évoluons tous. Nous ne créons pas notre propre réalité. Nous nous retrouvons projetés dans celle qui existe déjà.

Grégory : Tu peux donner un autre exemple, Robert ?

Robert : Quand nous décrivons quelque chose, une pomme peut être un exemple. Je vois que tu en as une dans ta poche, Grégory. Nous pouvons utiliser des mots comme vert, croquant, sucré ou rond pour la décrire. Nous ne pouvons pas la décrire autrement. Nous ne pouvons pas utiliser les mots carré, salé, ou violet. Nous serions en train de décrire quelque chose de totalement différent. Les choses dans le monde sont structurées de certaines manières. Nous ne sommes pas libres de les changer, même si nous pensons pouvoir définir notre propre existence au sein de ces structures. Sartre s'est concentré sur l'individu qui est projeté dans le monde, mais le structuralisme dit que l'individu est projeté dans un monde qui ne peut pas vraiment changer.

Ingrid : Cette idée ne me plait pas.

Robert : Elle ne plait pas à beaucoup de philosophes. Jacques Derrida a suivi le raisonnement inverse ; il était déconstructuraliste. Pour lui, ces structures apparentes n'étaient pas aussi fixes que ce qu'on pensait. Il démontra que les affirmations des structuralistes n'étaient que des constructions métaphysiques, et que la seule chose dont nous pouvions être vraiment sûrs était le soi.

Grégory : Il a donc rejeté les concepts métaphysiques comme l'espace et le temps ?

Robert : Dans l'ensemble, oui. Les structuralistes, eux, défendent l'idée que ces concepts structurent le monde dans lequel nous nous trouvons. Mais en sommes-nous vraiment sûrs ?

Émilie : On revient à la phénoménologie...

Robert : C'est ça. Il faut donner un sens au monde. C'est ce que les philosophes ont toujours essayé de faire !

Grégory ouvre un livre sur Sartre.

Grégory : Oh, c'est marrant. Vous saviez que le nom complet de Sartre était Jean-Paul Charles Aymard Sartre ? Et si… ?

Ingrid : Serait-il lié à Mr Aymard ?

Robert : Drôle de coïncidence…

Points clés :

- *Jean Paul-Sartre faisait partie d'un mouvement de la philosophie française connu sous le nom d'existentialisme. Il personnifie le style « continental » de la philosophie, qui contraste avec le style anglo-américain de penseurs tels que Russell et Wittgenstein. La philosophie continentale n'est pas écrite dans un style strictement analytique et logique. Elle est souvent communiquée à travers des pièces de théâtre ou des romans qui abordent des idées significatives pour la vie quotidienne. Le roman La Nausée de Sartre en est un bon exemple. La tradition continentale a aussi donné naissance à des ouvrages comme L'Être et le Temps de Heidegger et L'Être et le Néant de Sartre, des ouvrages assez longs. La tradition continentale ne se limite pas à une zone géographique. Elle fait plutôt référence à un style de philosophie qui se distingue de moins en moins du style analytique. Parmi les autres idées majeures de la philosophie continentale, on retrouve la phénoménologie popularisée par des penseurs comme Heidegger, et des mouvements comme le structuralisme, qui contrastaient avec la liberté radicale défendue par Sartre et d'autres.*

Vocabulaire

soi-disant so-called
la sagesse the wisdom
les recherches the research
un roman a novel
libre / une liberté free / freedom
intitulé called
réduire to reduce

CHAPITRE QUINZE : LES TENDANCES ACTUELLES DE LA PHILOSOPHIE : C'EST FINI ?

Ingrid, Grégory et Émilie assistent au dernier cours du premier module de philosophie. Mr Aymard résume tout ce qu'ils ont appris jusqu'à présent.

Professeur Aymard : Nous arrivons à la fin de cette partie du cours. Nous avons voyagé en Grèce antique, en Méditerranée, au Moyen-Orient et en Europe médiévale. Nous avons exploré les débuts de la philosophie moderne et nous avons témoigné de la **renaissance** de certaines idées. Nous avons aussi mentionné la tradition germanique du XIXème siècle et la division analytique et continentale qui a eu lieu au XXème siècle. Les idées vont et viennent, les pensées évoluent et changent, les anciennes traditions sont ébranlées et de nouvelles traditions voient le jour. Ce fut un parcours fascinant !

Ingrid : Et maintenant, de quoi est-ce qu'on va parler ?

Professeur Aymard : La philosophie, ce n'est pas seulement apprendre ce que les autres pensent et disent. Pour être philosophe, il faut faire de la philosophie. Nous devons avoir nos propres idées sur les questions que se sont posées les philosophes que nous avons étudiés, et nous poser de nouvelles questions. Dans cette deuxième partie du module de philosophie, on analysera certains **sujets** de philosophie contemporaine et on examinera quelques débats actuels. On parlera de politique, de médecine, de préoccupations environnementales, d'esthétique, de religion… La philosophie joue un rôle dans tous ces domaines.

Grégory : Quand nous avons commencé les cours, je n'aimais pas ne pas avoir de réponses. Mais je réalise maintenant que ce qui compte en philosophie, c'est d'apprendre à réfléchir correctement aux questions.

Professeur Aymard : En effet. Votre attitude a beaucoup changé, Grégory, et pour le mieux. Vous avez raison, il y a de bonnes et de mauvaises façons de penser à ce genre de questions. Nous discuterons d'abord de la logique. L'étude de la logique remonte aux anciens Grecs. Ils ont été les premiers à essayer de donner un sens à notre façon d'argumenter, et à formaliser la meilleure façon de le faire. Nous apprendrons à structurer les arguments et à reconnaître les mauvais. Ça nous permettra de considérer les autres sujets ensuite.

Émilie : On appliquera la philosophie à des situations réelles ?

Professeur Aymard : Oui. Certains pensent que la philosophie touche à sa fin, que ses jours sont comptés. Où sont les Kant d'aujourd'hui ? Les Nietzsche ? Les Wittgenstein ? Il existe de nos jours un mouvement philosophique appelé « l'antiphilosophie » : la croyance que la philosophie n'est plus pertinente et qu'elle ne cherche qu'à détruire ce qui est tenu pour acquis. Qu'est-ce que vous en pensez ?

Ingrid : L'antiphilosophie ? Pourquoi certains seraient-ils contre la philosophie ?

Professeur Aymard : Vous savez, je connais personnellement des gens qui suivent ce courant. Mon cher ami et collègue, Professeur Alain Badiou[3], par exemple. Il dit que des penseurs comme Nietzsche et Wittgenstein étaient eux-mêmes antiphilosophes, qu'ils ne cherchaient qu'à détruire cette recherche de la vérité qui est au cœur même de la philosophie. Je comprends leur point de vue. Wittgenstein, si vous vous souvenez, croyait qu'il avait résolu les problèmes de la philosophie et que tout ce qui restait, c'était de **résoudre** les problèmes du langage. Il disait qu'il était impossible de parler de manière significative de Dieu, de la vérité ou de la beauté parce que ces choses ne correspondaient pas à des réalités tangibles dans le monde. Nietzsche, quant à lui, voulait démanteler tout l'édifice de la philosophie. Il a brisé les fondements et des milliers d'années de tradition, à commencer par Platon. C'est une époque dangereuse pour la philosophie.

Grégory : Et donc, est-ce que ça vaut la peine d'étudier la philosophie ?

Professeur Aymard : Qu'en pensez-vous, Grégory ? Vous avez été le plus grand critique de la philosophie dans cette classe. Selon vous, devrions-nous abandonner et oublier cette discipline ?

Grégory : Certainement pas ! Je ne veux pas l'oublier. Je ne peux pas l'oublier. Avant, je pensais que la philosophie n'avait aucun sens. Je ne voyais aucune utilité à se poser constamment des questions sans réponse et à penser à des concepts théoriques qui n'avaient rien à voir avec notre **quotidien**. Mais maintenant, je ne peux plus m'en passer....

---

[3] Philosophe français qui travaille sur des sujets tels que la philosophie de l'être et de la vérité. Badiou fut fortement influencé par les émeutes étudiantes de 1968 à Paris, et sa politique est intimement liée à sa philosophie.

Ingrid et Émilie sont surprises d'entendre la réponse de Grégory.

Émilie : Tu es devenu passionné de philosophie, Grégory.

Grégory : C'est vrai. Je pense que tout le monde devrait étudier la philosophie. J'ai eu l'opportunité de réfléchir à des sujets qui ne m'auraient jamais traversé l'esprit auparavant. Et même si je n'ai pas forcément de réponses, j'ai appris à mieux réfléchir.

Professeur Aymard : Nous avons un nouveau converti ! Tant mieux, je suis content pour vous, Grégory. L'histoire de la philosophie n'est en fait que l'histoire de la façon de penser d'hommes et de femmes à travers les siècles. Penser et réfléchir, ce sera toujours important.

Ingrid : Surtout la façon de penser des hommes…

Professeur Aymard : Vous avez raison, Ingrid. Malheureusement, dans l'histoire de la philosophie, on parle rarement des femmes. Mais c'est en train de changer. Dans la seconde moitié du XXème siècle, des femmes comme Simone de Beauvoir, Elizabeth Anscombe, Philippa Foot, Hannah Arendt et Julia Kristeva ont apporté des contributions importantes à la philosophie.

Émilie : Nous avons besoin de plus de femmes philosophes pour équilibrer les points de vue.

Professeur Aymard : J'aimerais beaucoup que l'un ou l'une d'entre vous rejoigne notre équipe d'étudiants-chercheurs. Nous avons peut-être le prochain Sartre ou Beauvoir parmi nous ! La philosophie a un rôle fondamental à jouer dans le futur de l'humanité. Quand on pense à l'intelligence artificielle, par exemple. Le monde virtuel est devenu presque aussi important

que le monde réel. Comment aborder le virtuel ?
Les ordinateurs peuvent-ils vraiment penser ? Si oui,
comment devons-nous y réagir ? Comment inclure
la morale dans un monde virtuel ? Ce sont toutes des
questions importantes, des questions philosophiques,
et nous avons besoin de personnes qui savent réfléchir
correctement pour guider la société.

Ingrid : Faire de la philosophie, ce n'est donc pas juste
s'asseoir dans un fauteuil avec ses propres pensées, je
suppose...

Professeur Aymard : Pas du tout. Les philosophes sont
à la pointe de la pensée moderne. Je vais vous donner
un autre exemple : les débats sur l'euthanasie et la fin
de vie. Les deux parties ont des opinions bien arrêtées
sur la question, mais les réponses émotionnelles ne
sont souvent pas les plus raisonnables. C'est là qu'on a
besoin de la contribution de philosophes pour réfléchir
rationnellement à la question. Je suis sûr que vous aussi,
vous pouvez penser à d'autres questions philosophiques.
Une bonne base en philosophie peut vous préparer
à de nombreuses carrières différentes : la politique,
la médecine, le travail caritatif, même l'armée. Dans
beaucoup de **domaines,** la réflexion est ce qui fait la
différence entre de bons et de mauvais résultats.

Ingrid : Et y a-t-il des philosophes qui réfléchissent à ces
sujets à l'heure actuelle ?

Professeur Aymard : Bien sûr. Un de mes amis fait partie
d'un projet de recherche sur la philosophie du sport.

Grégory : la philosophie du sport ? Comment la
philosophie peut-elle être connectée au sport ?

Professeur Aymard : Qu'est-ce que le fair-play ? Est-il moralement acceptable d'être compétitif ? Est-ce que les sportifs sont des héros ? Est-il acceptable de célébrer une victoire ? Devrions-nous utiliser des substances pour améliorer nos performances ? Ce sont toutes des questions philosophiques ... Comme je vous le disais, on retrouve la philosophie partout. Nous aborderons certains de ces sujets dans les prochains cours. Bon après-midi à tous !

Points clés :

- *L'histoire de la philosophie se poursuit. La philosophie joue un rôle important dans des domaines aussi divers que l'intelligence artificielle, la médecine, la politique et l'environnement. Certaines des questions que les philosophes se sont toujours posées restent valables de nos jours, mais de nouvelles questions émergent au fur et à mesure que les temps changent. Le but de la philosophie n'est pas simplement de chercher des réponses, mais d'apprendre à réfléchir aux questions. Aujourd'hui, la philosophie n'est plus le domaine exclusif des universitaires ni des hommes, comme ce l'était autrefois.*

Vocabulaire

la renaissance the revival
un sujet un subject, topic
résoudre to resolve
le quotidien the daily life
un domaine a field, a subject

CHAPITRE SEIZE : LES FEMMES EN PHILOSOPHIE

Mr Aymard a préparé un cours spécial où il a invité un autre professeur. Ingrid, Grégory et Émilie arrivent en classe. Ils ne savent toujours pas quel sera le sujet du jour.

Professeur Aymard : Bonjour à tous. J'enseigne la philosophie depuis de nombreuses années, et je m'efforce toujours de trouver des façons d'améliorer mon programme. Récemment, Ingrid, une de vos camarades, a proposé une idée qui m'a beaucoup plu : Pourquoi ne pas dédier tout un cours aux femmes en philosophie. L'histoire de la philosophie a tendance à être plutôt masculine. On a majoritairement étudié les pensées d'hommes philosophes. La raison en est historique : Autrefois, les femmes ne participaient tout simplement pas à la vie intellectuelle. Elles n'avaient pas le droit d'enseigner, et très peu d'entre elles avaient reçu une éducation. Beaucoup ne savaient même pas lire. Leurs contributions dans le domaine académique étaient par conséquent négligeables. Mais heureusement, les choses ont changé, et la place des femmes en philosophie est désormais bien établie.

Émilie : Super suggestion, Ingrid.

Inès : Merci. C'est un sujet qui m'intéresse beaucoup.

Professeur Aymard : Je me suis dit aussi que si je donnais moi-même ce cours, je ne ferais que renforcer l'idée que les hommes ont une place plus importante en philosophie. Pour notre cours de cet après-midi, du coup, j'ai préféré inviter une collègue à moi, la Professeure Sylvie Zanta. Elle a étudié avec Simone de Beauvoir et elle est maintenant professeure de philosophie à l'Université d'Oxford au Royaume-Uni.

Ingrid, Grégory et Émilie se regardent avec enthousiasme. Mme Zanta s'avance vers le bureau. Toute la classe l'accueille avec des applaudissements.

Professeur Zanta : Bonjour à tous et merci, Mr Aymard, pour ces mots de bienvenue. C'est un plaisir d'être avec vous. Vous avez étudié l'Histoire de la philosophie depuis les anciens Grecs jusqu'à nos jours, il me semble, c'est bien ça ?

Ingrid : Oui, nous avons récemment étudié la philosophie du XXème siècle : Russell, Moore, Wittgenstein, la tradition analytique, la philosophie continentale, l'existentialisme et la phénoménologie.

Professeur Zanta : Excellent, vous avez certainement appris beaucoup de choses. Aujourd'hui, on va parler des femmes en philosophie. Elles sont peu nombreuses, mais il y en a de plus en plus. C'est vrai qu'il n'y a eu que très peu de femmes dans l'Histoire de la philosophie occidentale. Mais ça ne veut pas dire qu'elles ne réfléchissaient pas aux questions philosophiques depuis aussi longtemps que les hommes. Il n'y a pas de différences entre les hommes et les femmes quand **il s'agit de** s'émerveiller et de s'interroger sur le monde qui les entoure. La différence, c'est que les femmes n'avaient pas toujours eu les mêmes opportunités que les hommes pour s'exprimer publiquement.

Ingrid : Prenait-on les femmes au sérieux dans le passé ? Leur influence n'était pas seulement **restreinte** en philosophie. L'histoire de l'Europe en général est une histoire d'hommes.

Professeur Zanta : C'est malheureusement vrai. D'un point de vue sociologique, les femmes ont toujours joué un rôle subalterne. Pendant que les hommes allaient chasser et cueillir, les femmes restaient à la maison pour s'occuper des enfants et de la maison. Les temps ont changé, les civilisations ont changé, mais les structures sociales fondamentales sont restées les mêmes. On ne s'intéresse que depuis récemment au rôle qu'ont joué certaines femmes dans l'Histoire. Il serait faux de dire que la philosophie a délibérément exclu les femmes, mais la culture dominante l'a fait de bien des manières, et la philosophie s'en est trouvée appauvrie. Nous ne commençons que maintenant à réaliser cette erreur.

Émilie : Quand est-ce que les femmes sont apparues pour la première fois dans l'histoire de la philosophie ?

Professeur Zanta : Certains diraient que Simone de Beauvoir fut la première femme philosophe à obtenir une reconnaissance publique. Elle était certainement à l'avant-garde d'un changement radical. Mais on peut remonter plus loin dans l'Histoire et retrouver la trace de femmes qui ont fait de la philosophie même dans l'Antiquité. Vous avez peut-être entendu parler du mathématicien grec Pythagore, célèbre pour ses travaux sur les triangles. Sa femme s'appelait Théano de Crotone. Nous avons quelques fragments de ses écrits sur des sujets tels que la vertu, l'aurea mediocritas (le juste milieu), les mathématiques, et la manière d'élever des enfants. C'était indubitablement une penseuse respectée. Une des premières femmes philosophes.

Émilie : C'est incroyable. On peut dire que c'était une pionnière de la philosophie.

Professeur Zanta : Le problème, vous voyez, c'est qu'une histoire dominée par les hommes se traduit aussi par un programme d'études centré sur les hommes. Toutes ces femmes étaient bien présentes, mais nous n'en entendons pas parler. Si on prend l'exemple du Moyen-âge, vous avez discuté de Thomas d'Aquin, d'Augustin et d'Anselme, mais la vie monastique n'était pas uniquement réservée aux hommes. De nombreuses femmes sont devenues religieuses ; elles ont donc eu l'occasion d'apprendre à lire et à écrire, elles avaient accès aux bibliothèques et elles avaient le temps d'étudier. Beaucoup de femmes érudites se sont développées au sein de L'Église médiévale. Sainte Catherine de Sienne, par exemple, était une mystique qui a eu de nombreuses expériences du divin. Elle a utilisé le langage de la scolastique médiévale pour décrire ses expériences et elle a beaucoup écrit à leur sujet.

Ingrid : Elle était donc à la fois théologienne et philosophe, comme les autres ?

Professeur Zanta : Exactement. C'était une érudite avec une foi profonde... Ce ne sont là que deux exemples de femmes qui avaient leurs propres idées à l'époque où elles vivaient. Il est vrai que la plupart des femmes n'ont pas eu ces opportunités. Mais la plupart des hommes non plus. La plupart des gens étaient trop occupés à survivre pour s'intéresser à la philosophie. De nos jours, il nous est beaucoup plus facile d'avoir du temps libre, ce qui nous donne l'opportunité d'explorer et d'apprécier la philosophie, si on le souhaite. Mais dans le passé, la plupart des gens n'avaient ni le temps ni l'éducation pour le faire.

Émilie : Mais les femmes qui se sont distinguées dans ce domaine dans l'Antiquité étaient rares. À partir de quel moment est-ce que les femmes ont commencé à avoir du poids en philosophie, et quelle a été leur contribution ?

Professeur Zanta : Très bonne question. Le XXème siècle fut une époque de libération pour les femmes. Les révolutions du XIXème siècle ont été, dans une large mesure, des révolutions d'hommes. Les femmes ont dû attendre et, dans beaucoup d'endroits, elles continuent d'attendre l'égalité et la liberté. Quand on pense qu'il y a à peine cent ans, les femmes **se battaient** pour exercer le plus simple des droits démocratiques ici en Europe ! Mais l'émancipation des femmes en philosophie a accompagné leur émancipation au travail, à la maison et dans l'éducation. Certaines personnes sont encore surprises que les femmes puissent penser aux questions philosophiques aussi bien que les hommes.

Émilie : Mais les femmes sont traitées de manière égale aux hommes en philosophie, de nos jours, pas vrai ?

Professeur Zanta : Il y a encore des questionnements sur l'égalité des rémunérations, les droits du travail, etc. Mais dans l'ensemble, oui, les femmes philosophes sont beaucoup plus respectées qu'elles ne l'étaient dans le passé. On les reconnait en tant que philosophes ! La philosophie, ce sont des idées, et les femmes peuvent avoir les mêmes idées que les hommes, et même de meilleures idées. Le XXème siècle fut une période de révolution dans la pensée des femmes, non seulement sur les questions qui les concernaient, mais sur tous les aspects de la philosophie. Prenons l'exemple de Simone de Beauvoir. Sa philosophie existentialiste reste influente aujourd'hui. Comme Sartre, elle préférait se servir des romans et des pièces de théâtre pour exprimer ses idées. Elle a également **rédigé** une autobiographie pour communiquer le point central de l'existentialisme : l'existence précède l'essence. Elle et Sartre étaient partenaires pendant longtemps, partageant une vie non conventionnelle. Ils étaient radicaux.

Ingrid : Dans quel sens ?

Professeur Zanta : Simone de Beauvoir était une féministe à une époque où le mouvement du féminisme n'en était qu'à ses balbutiements. Il y a eu bien sûr avant elle des femmes pionnières dans ce domaine. Beaucoup d'entre elles se sont battues contre la domination masculine et ont réussi par elles-mêmes. Mais c'était souvent des femmes avec un statut et du pouvoir, comme la reine Elizabeth I d'Angleterre, par exemple. Au XXème siècle, les femmes ordinaires se sentaient capables de poursuivre leurs propres rêves et objectifs. Simone de Beauvoir fut à l'avant-garde de ce mouvement. Elle défendait l'égalité. On pourrait avoir l'impression que ce n'est pas si radical que ça, mais ça l'était à l'époque. De plus, rappelez-vous que l'existentialisme va dans une certaine mesure au-delà de l'égalité entre les sexes. C'est plus radical que ça. Les existentialistes définissent leur existence, leur sexe n'a pratiquement pas d'importance. Que l'on soit homme ou femme, la question est de découvrir ce que ça veut dire pour soi en tant qu'individu. Simone de Beauvoir a écrit un livre intitulé *Le Deuxième Sexe*, qui retrace l'évolution du traitement des femmes à travers l'histoire.

Émilie : Le genre n'était donc pas important pour elle ?

Professeur Zanta : Oh si, je pense que si. Simone de Beauvoir pouvait expliquer ce que voulait dire « être une femme », mais seulement dans le cadre des limites de sa propre expérience. C'est un point clé dans l'existentialisme. Je ne peux pas définir votre existence, et je ne peux pas vous dire comment vous vous sentez ni comment vous devriez être. C'est quelque chose que vous devez comprendre par vous-même. Il n'y a pas une seule façon indéniable d'être femme ou homme. Chacun doit découvrir ce que cela veut dire pour soi. Vous souvenez-vous des mots de Sartre sur l'esclavage de la liberté ? Il y a ceux qui préfèrent avoir des rôles prédéterminés et puis ceux qui ne remettent jamais en question leurs rôles. Les idées de Simone de Beauvoir ont incité beaucoup de gens, et des femmes en particulier, à réfléchir à qui elles étaient et à ce qu'elles voulaient être.

Ingrid : Est-ce que les femmes n'ont eu un impact sur la philosophie qu'en Europe continentale ? Qu'en est-il de la philosophie analytique ?

Professeur Zanta : Il y a des femmes qui travaillent dans les départements de philosophie partout dans le monde. Tant en philosophie analytique qu'en philosophie continentale. Susan Stebbing fut la première professeure de philosophie en Grande-Bretagne en 1933. Au milieu du XXème siècle, Dorothy Emmett dirigea le département de philosophie de l'Université de Manchester pendant vingt ans, et Elizabeth Anscombe était une des étudiantes et l'une des traductrices majeures de Wittgenstein. Les choses changent ; les femmes ont trouvé leur juste place en tant que philosophes égales aux hommes.

Ingrid : Pouvez-vous nous parler d'Hannah Arendt ? J'ai lu son livre *Les origines du totalitarisme*. Je l'ai trouvé inspirant.

Professeur Zanta : Oui, bien sûr. Je l'ai moi aussi trouvé inspirant. Hannah Arendt était une philosophe politique et une survivante de l'Holocauste. Ses expériences lui ont malheureusement donné une expérience et vision uniques des horreurs du totalitarisme du XXème siècle. Sa philosophie était bien plus qu'un exercice académique ; elle a **découlé** d'une expérience de la vie réelle. Il y a un aspect intéressant dans son ouvrage : elle ne fait aucune distinction entre le nazisme et le régime soviétique. Arendt disait que le totalitarisme était un cancer de la répression. La terreur était le facteur déterminant de ces deux régimes totalitaires : la terreur des opposants politiques, mais aussi des simples citoyens.

Ingrid : Et elle a aussi vécu sa politique, il me semble... Quelles autres idées philosophiques avait-elle ?

Professeur Zanta : Un autre de ses livres, *Eichmann à Jérusalem*, est au sujet du procès d'Adolf Eichmann, un des architectes de l'Holocauste. Elle est même allée jusqu'à Jérusalem pour suivre le procès, et elle a inventé l'expression « la **banalité** du mal » pour le décrire.

Grégory : Qu'est-ce que ça veut dire ?

Professeur Zanta : En général, nous nous attendons à ce que des personnes accusées de crimes odieux soient différentes, qu'elles soient comme des monstres. Nous le faisons pour pouvoir nous dire inconsciemment qu'elles ne nous ressemblent en rien. Arendt se rendit compte que ce n'était pas le cas. Des personnes tout à fait ordinaires peuvent cacher en elles un mal profond, comme ce fut le cas d'Eichmann. C'est même pire que ça, car nous ne pouvons pas transformer **les gens**. Nous nous voyons obligés d'accepter que ces personnes-là sont juste comme nous.

Ingrid : Elle été courageuse de le confronter.

Professeur Zanta : Certains ont reproché à Hannah Arendt d'avoir osé suggérer qu'il y avait quelque chose de banal chez quelqu'un comme Eichmann. Mais elle a admirablement défendu ses principes. Malheureusement, pour d'autres personnes, une femme n'avait même pas le droit de partager de telles opinions.

Émilie : De toute façon, une partie importante de la philosophie est à propos d'idées masculines. Des hommes essayant de résoudre des problèmes d'hommes… Arendt a tenté de démontrer que les femmes étaient maîtresses de leurs pensées et de leurs sentiments. Elle est allée jusqu'en Israël pour affronter le mal. Et ce qu'elle y a trouvé, ce n'était pas un monstre, mais un homme ordinaire qui avait fait quelque chose de monstrueux.

Professeur Zanta : Exactement. De nos jours, elle serait applaudie pour sa démarche. Quant à votre point sur la philosophie qui serait dominée par les idées masculines… Ce n'est pas du tout le cas. La philosophie traite de problèmes qui nous concernent tous. Ces problèmes et idées ne sont ni masculins ni féminins. Certains féministes défendent ce que vous venez de dire : Pour eux, la philosophie est uniquement à propos des hommes, et une nouvelle façon de penser est nécessaire pour libérer cette discipline de son passé masculin. Mais les préoccupations de la philosophie sont universelles. La vérité, la bonté, la beauté, Dieu… Toutes ces préoccupations comptent autant pour les hommes que pour les femmes. Ce furent principalement des hommes qui réfléchirent à ces sujets ou, pour être exact, la plupart des réflexions conservées sur ces sujets ont été celles d'hommes. Mais ça ne veut dire en aucun cas que seuls les hommes continueront d'y réfléchir à l'avenir…

À la fin du cours, Mr Aymard remercie Mme Zanta. Ingrid, Grégory et Émilie quittent la classe et se dirigent ensemble vers le Café de Flore.

Grégory : À votre avis, est-ce que les opinions des femmes sont respectées dans le monde universitaire ? Je ne parle pas seulement de la philosophie, mais de toutes les disciplines en général.

Ingrid : Les femmes doivent probablement faire plus d'efforts pour faire entendre leur voix, en règle générale. Mais il y a aussi beaucoup d'enseignantes et de chercheuses dans le monde universitaire, et des modèles qui peuvent inspirer d'autres femmes.

Émilie : Mme Zanta m'a moi-même beaucoup inspirée ! Grâce à elle, j'arrive à croire que je suis capable d'en faire autant que n'importe quel homme. Et en plus, elle a été enseignée par Simone de Beauvoir ! C'est génial !

Grégory : C'est vrai. Ça aurait été très intéressant de vivre à la même période qu'elle et Sartre. Ils avaient une relation très spéciale. Il l'a demandée en mariage, mais ils ne se sont jamais mariés. Ils étaient compagnons. Ils habitaient parfois ensemble, et parfois séparés.

Ingrid : Ça ne me plairait pas, ce mode de vie.

Grégory : À moi non plus, mais c'est comme ça qu'ils ont réussi à se concentrer sur leurs œuvres sans distractions. Simone de Beauvoir ne se disait pas philosophe, mais écrivaine.

Émilie : Elle était un peu des deux. Elle a transmis ses idées philosophiques à travers ses romans et son autobiographie. Ça prouve bien qu'il y a différentes manières possibles de faire de la philosophie et de communiquer des idées. Je suis tellement contente d'avoir eu l'opportunité d'étudier l'exemple de certaines des femmes pionnières de la philosophie moderne. Nous serions tous plus pauvres intellectuellement sans des gens comme Hannah Arendt.

Points clés :

- *La philosophie, comme toute autre discipline académique, a une histoire principalement dominée par le genre masculin. L'histoire de la philosophie est l'histoire de ce que des hommes pensaient. Les raisons en sont culturelles, sociologiques et politiques. Aujourd'hui, la philosophie est une discipline qui accorde autant d'importance aux deux sexes. Seuls comptent un bon partage d'opinions et un débat ouvert. Au XXème siècle, avec l'avènement des mouvements de défense des droits des femmes, la philosophie est devenue une discipline dans laquelle les contributions des femmes étaient admirées et respectées. Des pionnières comme Simone de Beauvoir ont plaidé pour l'égalité entre les sexes et les droits des femmes au travail, à l'éducation et au foyer.*

Vocabulaire

restreint restricted, limited
il s'agit de to be about something
se battre to fight
rédiger to write
découler to ensue
banal common
les gens the people

DEUXIEME PARTIE : LE FONCTIONNEMENT DE LA PHILOSOPHIE

CHAPITRE UN : LA LOGIQUE

Mr Aymard conclut la classe, puis Ingrid, Grégory et Émilie se rendent dans une salle d'étude à l'université. Mr Aymard leur a donné des devoirs après leur cours sur la logique.

Professeur Aymard : Il y aurait encore beaucoup à dire sur la logique. C'est l'une des principales branches de la philosophie : la science de l'argumentation et de la pensée rationnelle, et l'examen de la validité d'un argument. Mais la logique est également un aspect unique de la philosophie, puisqu'il s'agit d'un instrument plutôt que d'une série de questionnements - même s'il serait bien entendu possible de **se poser des questions** philosophiques sur la logique. Tous les sujets philosophiques que nous avons abordés jusqu'à présent étaient basés sur des arguments logiques.

Ingrid, Grégory et Émilie sortent de la classe. Le sujet a été un peu difficile aujourd'hui, et ils ont besoin d'en discuter ensemble pour mieux comprendre les concepts de la logique.

Grégory : Je n'aurais jamais pensé que la philosophie ressemblerait tellement aux mathématiques !

Ingrid : Ça y ressemble un peu, c'est vrai... La philosophie reste principalement un sujet de lettres, mais c'est vrai qu'une partie importante des mathématiques est aussi en rapport avec les lettres. Les exercices simples que Mr Aymard nous a donnés vont nous aider à pratiquer ces points.

Émilie : Tu les trouves simples, toi ? Ils m'ont donné mal à la tête. J'ai beaucoup de mal à réfléchir de cette façon. J'aime écrire des essais et avoir des débats, mais je n'aime pas discuter de P ou de Q ou d'une autre lettre de l'alphabet !

Ingrid : P ou Q ou n'importe quelle autre lettre représentent les arguments. Tu sais, en algèbre, on utilise souvent des lettres pour dériver des formules générales de problèmes mathématiques. La logique nous permet aussi d'utiliser des symboles pour représenter les arguments. Ne t'inquiète pas, tu vas y arriver !

Émilie : Mais c'est tellement différent d'écrire une dissertation !

Ingrid : Oui, mais toutes tes dissertations doivent avoir des arguments logiques. C'est comme ça que fonctionne la philosophie. On tire des arguments logiques les uns des autres, point par point. Grâce à ce raisonnement, on arrive à des conclusions. Un point mène à l'autre, et ainsi de suite. On ne peut arriver à une conclusion sans postulats de base.

Émilie : Tu veux bien m'aider, Ingrid ? J'ai vraiment du mal avec ça.... Il y a beaucoup de mots que je ne comprends pas.

Ingrid : Bien sûr. Nous pouvons utiliser les devoirs que nous a donnés Mr Aymard. Nous devons déterminer si l'argument est valide ou non. « Si la créature dans la boîte a huit **pattes**, c'est une **araignée**. La créature dans la **boîte** a huit pattes. Par conséquent, la créature dans la boîte est une araignée. » L'argument est valide ou invalide ?

Émilie : Je ne sais pas... Les araignées ont huit pattes, c'est vrai. Mais est-ce que nous savons si la créature dans la boîte a huit pattes ? Peut-être qu'il y a bien une araignée dans la boite, mais qu'il lui manque une patte. Nous ne le savons pas.

Ingrid : Ça serait beaucoup plus simple de le formuler logiquement. Nous pouvons utiliser une table de vérité, comme celle que Mr Aymard nous a montrée aujourd'hui en classe.

p	q	$p \rightarrow q$
V	V	V
V	F	F
F	V	V
F	F	V

Table de vérité, « Modus Ponens »

Émilie : C'est des maths, ça, non ?

Ingrid : Pas vraiment. Mais on peut structurer l'argument en substituant des symboles aux mots. Donc, dans cet exemple, nous avons comme point de départ la proposition : « Si la créature dans la boîte a huit pattes, c'est une araignée ». Cette proposition a la forme de « Si... Alors... ». C'est notre point de départ. Mais oublions les boîtes et les araignées, et disons que « P » : « Avoir huit pattes », et « Q » : « Être une araignée ».

Du coup, on peut structurer l'argument comme ça : « si P, alors Q ». Nous pouvons faire pareil pour n'importe quelle autre phrase qui suit le même format logique. Oublions les mots, et concentrons-nous sur la structure de l'argument.

Émilie : Ok. Donc « si P, alors Q ». Et après ?

Ingrid : Et après, « la créature dans la boîte a huit pattes ». « P » est donc vrai.

Émilie : Je vois... Si P, alors Q. P, donc, Q. La proposition est valide.

Ingrid : Je sais que c'est un peu difficile à comprendre... La créature dans la boîte n'a peut-être pas huit pattes. C'est peut-être une araignée, mais peut-être qu'elle a perdu une patte ou qu'elle en a une de plus. Nous ne pouvons pas être sûrs de la véracité de ce qui est dit. Mais la structure de l'argument est valide en tout cas. Les propositions conduisent à une conclusion, du moins sous leur forme logique.

Émilie : Donc peu importe les mots réels de l'intrigue...

Ingrid : C'est ça. La logique consiste à oublier le contenu et à se concentrer sur la structure. C'est ce qui intéressait des philosophes comme Russell et Wittgenstein. Ils voulaient créer des langages parfaitement logiques qui pourraient résoudre les problèmes philosophiques une bonne fois pour toutes.

Émilie : Du coup, un argument valable, qu'est-ce que c'est ?

Ingrid : Un argument valable, c'est un argument dans lequel si toutes les **prémisses** sont vraies, alors la conclusion l'est nécessairement. Il y aurait beaucoup plus à dire sur la logique. Il existe différentes formes d'arguments, et il y a aussi la question de la solidité d'un argument.

Grégory : Qu'est-ce que ça veut dire ?

Ingrid : Un argument valide et qui a des prémisses vraies est un argument de poids. À l'inverse, un argument qui n'est pas valide et qui a au moins une prémisse fausse est un argument fragile. Prenons l'exemple classique d'un argument fort : tous les hommes sont mortels. Socrate est un homme, donc Socrate est mortel. Les deux prémisses sont vraies et mènent à une conclusion vraie : l'argument est donc valable. Mais prenons cet autre exemple : tous les chats sont **roux**, Mittens est un chat, donc Mittens est roux. Dans cet exemple, l'argument est valable, mais il n'est pas fort, car tous les chats ne sont pas nécessairement roux. Ce n'est vrai que dans certaines situations. Alors que nous, nous voulons des **raisonnements** universels.

Émilie : Donc, si je comprends bien, notre exemple avec les araignées n'est pas solide ...

Ingrid : C'est ça, le contenu de l'argument ne fonctionne pas toujours, mais sa structure reste valable.

Grégory : Il faut que je prenne du temps pour réfléchir à tout ça.

Émilie : Moi aussi.

Ingrid : Bien sûr, et nous avons tous besoin de pratiquer. Les philosophes utilisent la logique depuis des **siècles**. Aristote a développé une majeure partie des idées qui influencèrent son développement. Il était intéressé par la façon dont nous évaluions les arguments et dont on les formait.

Grégory : Je ne pense pas que nous puissions échapper à la logique, Émilie...

Émilie : Malheureusement non.

Points clés :

- *La logique est l'étude du raisonnement, du fonctionnement et de la construction des arguments. Il existe aussi des questionnements philosophiques sur la logique. Par exemple, peut-il y avoir une situation où 2+2 n'est pas égal à 4 ? Chaque argument a une structure logique qu'on traduit en langage symbolique pour analyser son efficacité. La logique est un instrument essentiel pour les philosophes, mais aussi dans la vie de tous les jours : Les politiciens, les journaux, la publicité... Tous se servent d'arguments. Savoir évaluer ces arguments et reconnaître s'ils sont bons ou mauvais, valides ou invalides, solides ou non, est nécessaire pour apprendre à construire de bons arguments par nous-mêmes. La logique constitue un élément fondamental en philosophie, même si elle diffère quelque peu des autres branches de la discipline.*

Vocabulaire

se poser une question to wonder
une araignée a spider
une patte a leg, a paw
une boite a box
pareil similar
une prémisse a premise
un raisonnement a reasoning
roux red-haired
un siècle a century

CHAPITRE DEUX : EXPLICATION DES THÉORIES ÉTHIQUES

Ingrid, Grégory et Émilie assistent à un cours sur les théories éthiques. Mr Aymard mentionne de nombreux philosophes différents.

Professeur Aymard : Les humains agissent avec éthique depuis la nuit des temps. Le premier à avoir désigné quelque chose de « **bien** » et quelque chose de « **mal** » fut le premier à faire une déclaration éthique et à adopter un certain sens de la moralité. L'éthique ne se résume pas à ça, bien sûr, mais vous voyez l'idée. Quand nous portons un jugement moral, quand nous disons « c'est bien » ou « c'est mal », nous présentons une opinion éthique. Que nous en soyons conscients ou non, nous nous positionnons en faveur d'une théorie éthique spécifique.

Ingrid : On retrouve l'éthique partout. Chaque jugement que nous portons est éthique.

Professeur Aymard : Alors voyons... Si je décide de prendre ce **stylo** dans la main, est-ce qu'il y a un jugement moral dans cette situation ?

Grégory : Ça dépend de l'utilisation que vous allez faire du stylo.

Professeur Aymard : Exactement. Je pourrais tout simplement écrire une liste de courses. Dans ce cas, me servir de ce stylo n'aurait que peu d'incidence éthique, à moins que je ne m'apprête à acheter un article qui porte à controverse, comme un manteau en fourrure par exemple. Mais si je voulais me servir de ce stylo pour signer un arrêt de mort, ce serait une tout autre affaire. Mais vous avez raison, Ingrid, presque toutes les décisions que nous prenons ou les jugements que nous portons ont une portée éthique. Et c'est la raison pour laquelle comprendre l'éthique est si important. Nous avons déjà discuté de la différence entre les actions et les conséquences. Me servir de ce stylo pour ma liste de courses n'a pas de rapport avec l'éthique, sauf si j'ai volé le stylo. Mais si la conséquence de m'en servir confirme la condamnation à mort d'un individu, ça change la donne.

Grégory : N'importe quelle décision est potentiellement éthique, c'est bien ça ?

Professeur Aymard : Potentiellement, oui. C'est pour ça qu'il est très important d'étudier le concept de l'éthique. Nous ne pouvons pas lui échapper, nous y avons recours tous les jours. Et que l'on en soit conscients ou pas, des décisions éthiques sont constamment prises autour de nous.

Ingrid : Mais comment est-ce que nous pouvons choisir une théorie éthique ? Est-ce que les gens y réfléchissent vraiment dans la vie de tous les jours ? Je ne pense à aucune théorie quand je prends des décisions. Je les prends en fonction de ce qui me parait être juste.

Professeur Aymard : Mais comment déterminez-vous ce qui est juste ? Commençons par le commencement. On peut distinguer deux catégories de théories éthiques : déontologique et conséquentialiste. Les théories éthiques déontologiques examinent les actions que nous entreprenons, et les théories conséquentialistes examinent les conséquences de ces actions. Il est vrai que toutes les théories éthiques se concentrent sur les résultats, mais certaines d'entre elles se concentrent davantage sur le processus que sur les conséquences. Kant préférait examiner les actions plutôt que les conséquences. Si nous estimons par exemple que dire la vérité est toujours juste, nous le ferons quelles qu'en soient les conséquences. À l'opposé, nous pourrions penser que la fin justifie les moyens, et que la conséquence compte plus que l'action.

Grégory : Ne devrions-nous pas considérer les deux aspects ? Pourquoi y aurait-il besoin de se restreindre à l'un ou l'autre ?

Professeur Aymard : Dans l'Histoire de la philosophie, beaucoup ont privilégié l'un par rapport à l'autre. Mais vous avez raison, Grégory, dans un monde idéal, nous considérerions les deux. Le problème, c'est que les choses peuvent devenir compliquées si nous prenons en considération à la fois l'action et la conséquence. Mais il est vrai qu'elles peuvent aussi devenir compliquées quand nous ne le faisons pas. Prenons l'exemple suivant : Vous décidez de tricher sur une dissertation et vous demandez à quelqu'un d'autre de l'écrire pour vous. L'action elle-même peut être considérée comme mauvaise, mais la conséquence est que vous obtenez une bonne note, ce qui est une bonne conséquence. Par contre, si vous êtes celui ou celle qui aidez votre ami en écrivant la dissertation pour lui, l'action en elle-même est bonne ; vous aidez votre ami. Mais la conséquence est qu'il obtient une bonne note qu'il ne mérite pas, et il finit par échouer à la matière puisqu'il ne la maîtrise pas. Vous voyez les deux perspectives différentes ? Il est donc préférable de privilégier les actions et/ou les conséquences, plutôt que d'essayer de considérer les deux en même temps.

Grégory : C'est vrai. Mais les deux démarches ont leurs limites.

Professeur Aymard : Certainement. Souvenez-vous du problème avec la théorie de Kant : Mentir à quelqu'un qui cherche à tuer votre ami est une erreur, même si la conséquence pour votre ami est mauvaise. En revanche, une théorie comme l'utilitarisme qui poursuit « le plus grand **bonheur** du plus grand nombre » peut avoir des conséquences désastreuses pour l'individu. Une théorie éthique peut paraître bonne à première vue, mais elle atteint vite ses limites.

Ingrid : Quelles sont les autres théories éthiques ?

Professeur Aymard : Il y a une autre théorie éthique proche de l'utilitarisme qui a été développée au XXème par un homme du nom de Joseph Fletcher. Son livre s'intitule *Situational Ethics*. Son principe de base est de « rendre les choses plus **aimantes** », pour essayer d'aller **au-delà** des conclusions parfois dures de l'utilitarisme.

Émilie : Il était chrétien, non ? Ça me rappelle le commandement chrétien d'aimer son prochain.

Professeur Aymard : Oui, il était chrétien, mais il est plus tard devenu athée. N'oublions pas que le christianisme est, en partie, une théorie éthique. Les enseignements de Jésus créent un cadre moral de vie. Jésus appelait les pauvres « heureux » et il enseignait à ses disciples de tendre l'autre joue. Nietzsche s'est fortement opposé à ces idées. Selon lui, le christianisme avait inversé ce qu'il appelait «la morale des maîtres » en faveur de « la morale des esclaves ». Il défendait des vertus comme la force, le pouvoir et l'autodétermination, qui pour lui étaient les vraies dispositions morales.

Émilie : Et qu'en est-il de l'éthique situationnelle ?

Professeur Aymard : Ah oui ! Désolé, je profite de toutes les occasions pour parler de Nietzsche. Donc, nous disions que l'éthique situationnelle était profondément chrétienne, mais elle avait un défaut majeur : qui décide quel est le résultat le plus aimant ? Est-il aimant de laisser une personne mourir pour en sauver cent ? Est-il aimant de refuser un traitement médical coûteux à un individu pour acheter avec le même **montant** des soins de base pour cent autres patients ? Est-il aimant de déclencher une guerre qui tue un million de personnes pour préserver la paix dans le reste du monde ? L'amour n'est pas nécessairement un bon principe directeur. D'ailleurs, nous essayons toujours d'aider ou de sauver ceux que nous aimons. Alors qu'un des avantages des théories éthiques plus anciennes est qu'elles restaient détachées des émotions.

Grégory : Mais comment pourrions-nous prendre des décisions comme celles-ci sans impliquer nos émotions ?

Professeur Aymard : Nous ne pouvons pas empêcher nos émotions d'être impliquées. Même si nous essayons de nous détacher de la situation, nous aurons toujours une réponse émotionnelle. C'est le problème des théories prescriptives, comme celle de Kant. Il y a toujours l'aspect imprévisible de nos émotions... Mais il y a encore une autre façon de penser à l'éthique que vous préférerez peut-être. Pensez à Aristote.

Émilie : L'éthique de la vertu ! Cultiver notre caractère entre les extrêmes de l'excès et du manque.

Professeur Aymard : Bonne mémoire, Émilie. Certaines théories éthiques se focalisent sur les actions ou les conséquences. Mais l'éthique de la vertu, quant à elle, se focalise sur le caractère de l'individu. En cultivant nos vertus, l'éthicien affirmera que nous agirons toujours de la bonne manière et que nous récolterons de bonnes conséquences.

Grégory : Il est donc possible de garantir les deux ?

Professeur Aymard : Il est possible de développer un caractère qui soit conscient des deux, oui. Personne ne peut se lever un matin et décider de courir un marathon ! Il faut des mois d'**entraînement**. Développer un caractère éthique est la même chose. Ça demande de s'entraîner consciencieusement, et il est possible d'échouer. Développer son caractère est le travail d'une vie entière, mais ça nous apprend à réagir moralement aux situations qui se présentent à nous.

Ingrid : Malgré tout, nous ne pouvons pas nous empêcher de mal agir, parfois...

Professeur Aymard : C'est inévitable. Nous ne pouvons pas nous attendre à toujours réagir de la bonne manière, mais nous pouvons continuer d'apprendre et de cultiver la vertu. Aristote enseignait que toutes les vertus, comme la bonté, la patience ou le courage, avaient leur excès et leur manque. Nous pouvons être ou imprudents, ou lâches, par exemple.

Émilie : Certaines vertus sont plus faciles à pratiquer que d'autres. Je peux pratiquer la gentillesse la plupart du temps, mais je ne peux pas toujours pratiquer le courage.

Professeur Aymard : C'est juste. Aucune théorie éthique n'est exempte de défauts.

Points clés :

- *Les trois catégories principales des théories éthiques sont les théories basées sur l'action, celles basées sur les conséquences et celles basées sur la vertu. Les théories basées sur l'action, c'est à dire l'éthique déontologique, mettent l'accent sur le bien ou le mal de l'action elle-même. La théorie éthique de Kant en est un exemple. Les théories éthiques conséquentialistes examinent les conséquences de nos actions pour déterminer si les décisions sont bonnes ou mauvaises. L'utilitarisme, qui base les décisions selon si elles produisent le plus grand bien pour le plus grand nombre est un exemple de théorie éthique conséquentialiste. Enfin, l'éthique de la vertu examine le caractère d'une personne et son développement. L'éthicien de la vertu soutiendra que la prise de décisions éthiques peut être apprise en accord avec notre propre caractère. Les théories éthiques peuvent être controversées quand elles sont appliquées à des situations spécifiques. Les modes de pensée théoriques s'effondrent souvent face à des situations réelles. Des théories comme l'éthique situationnelle ont tenté de corriger ça, mais elles ont elles aussi leurs limites.*

Vocabulaire

le bien et le mal good and evil / right and wrong
un stylo a pen
au delà beyond
le bonheur the happiness
aimant loving
un montant an amount of money
s'entraîner / un entraînement to train / a training

CHAPITRE TROIS :
L'ÉTHIQUE APPLIQUÉE

Après un cours sur l'éthique appliquée, Ingrid, Grégory et Émilie vont au Café de Flore. Ils discutent de certaines des questions soulevées par Mr Aymard.

Professeur Aymard : L'application des théories éthiques aux situations de la vie réelle est controversée, comme nous l'avons vu dans le domaine de l'intelligence artificielle. Ce sont des sujets difficiles et émotionnels. Vous avez sûrement tous été confrontés à des dilemmes éthiques à un moment ou un autre dans votre vie. On ne peut y **échapper**. On peut se demander si la philosophie a vraiment sa place dans les problématiques de la vie réelle. Kant nous dit qu'il est mal de mentir à l'homme qui cherche à tuer notre ami, et pourtant, vous lui mentiriez probablement dans la vraie vie... L'éthique appliquée, c'est la façon dont nous allons au-delà des théories, pour tester leur viabilité dans des situations réelles. Et bien sûr, la philosophie peut nous aider dans la vraie vie. Nous retrouvons des dilemmes éthiques dans les hôpitaux, les entreprises, les tribunaux... Partout où sont prises des décisions qui affectent de vraies personnes.

Grégory : Je vois, mais est-ce que l'éthique appliquée permet de trouver des réponses et de prendre une décision finale ? Nous avons vu beaucoup d'exemples où le débat ne se termine jamais...

Professeur Aymard : Très bonne question, et la réponse, Grégory, est oui ! La théorie éthique est appliquée à des situations réelles dans plusieurs domaines : Un médecin qui délibère sur le prix et l'efficacité du traitement d'un patient atteint d'une maladie grave, par exemple. Ou un agriculteur décidant d'utiliser ou pas des cultures génétiquement modifiées, en tenant compte de l'impact environnemental et de son profit. Ou un juge qui décide si le coupable doit aller en prison ou bien faire des travaux communautaires. Des décisions comme celles-ci sont prises tous les jours. Je suis sûr que vous pouvez penser à d'autres exemples.

Ingrid : Mais est-ce qu'il est aussi simple que ça d'appliquer des théories éthiques apprises en classe à des situations que nous rencontrons ?

Professeur Aymard : Encore une bonne question. Dans les exemples que je viens de donner, je doute que les personnes concernées connaissent la théorie de la vertu d'Aristote. On ne peut pas forcer une situation à travers un processus philosophique pour tirer une bonne conclusion. Mais qu'il en soit conscient ou non, chaque décideur suit quand même un certain processus de prise de décision éthique. Certains considèrent les actions, d'autres considèrent les conséquences, et d'autres encore leur valeur et leur caractère. Je ne dis pas que les décisions qu'ils prennent sont nécessairement bonnes, mais ils prennent tout de même une décision. L'application de l'éthique varie. Certaines organisations prennent ce sujet très au sérieux et emploient même des éthiciens pour les aider à résoudre des dilemmes complexes.

Grégory : Appliquer des théories éthiques n'est pas facile. Et la plupart des gens prennent des décisions basées sur leurs émotions.

Professeur Aymard : C'est vrai. Et ce n'est pas forcément une bonne chose. Prenons l'exemple d'un accident de la circulation. Plusieurs personnes sont grièvement blessées. Un médecin arrive. Il se rend compte que sa femme était passagère dans l'une des voitures et qu'elle a un gros **bleu** sur la cuisse. Il se précipite vers elle et la soigne en premier, parce que c'est sa femme. Et pourtant, un autre passager, avec qui le médecin n'a aucun lien, git inconscient et a un besoin plus urgent de soins. Dans cette situation, l'émotion empêche que la victime dans l'état le plus grave ne soit soignée. Nous avons besoin d'une vision objective pour obtenir de bons résultats.

Grégory : Mais on pourrait aussi argumenter qu'en aidant sa femme, le médecin s'assure de son propre bonheur et de celui de sa famille. Il pense aux conséquences de son action.

Professeur Aymard : Sur le plan individuel, oui, c'est vrai. Mais un aspect important de l'éthique appliquée est l'objectivité. Nous devons regarder au-delà de nous-mêmes pour voir ce que la situation exige. Ce n'est pas facile et nous faisons souvent des **erreurs**. Mais réfléchir correctement est la clé pour appliquer l'éthique aux situations de la vie. Ce sera tout pour aujourd'hui, bon après-midi !

Ingrid, Grégory et Émilie quittent la classe. Ils arrivent au Café de Flore et s'y installent.

Ingrid : En étudiant comment on peut se servir de théories éthiques pour prendre des décisions, j'ai vraiment eu l'impression d'appliquer la philosophie dans la vraie vie, aujourd'hui.

Émilie : Moi aussi. C'était fascinant.

Grégory : La philosophie sert enfin à quelque chose !

Ingrid : On sait que tu plaisantes Grégory.

Grégory : Oui oui, je plaisante. Je comprends maintenant toute l'importance et la portée de la philosophie. Elle nous aide à réfléchir sur le monde qui nous entoure. Mais l'éthique est particulièrement applicable aux situations réelles. Des centaines de décisions éthiques doivent être prises chaque minute. Je me demande comment les gens arrivent à prendre des décisions difficiles sans la philosophie pour les aider ?

Ingrid : Je ne pense pas que la plupart des gens réfléchissent à ce qui les pousse à prendre des décisions. Beaucoup le font sous l'impulsion du moment et sous le coup des émotions. Les gens ne pensent pas à Aristote, à Kant ou aux utilitaristes.

Émilie : C'est ce que disait Mr Aymard. Mais avoir une bonne formation philosophique nous aide à bien réfléchir aux choses. La plupart des gens réagissent émotionnellement, parce que parfois les émotions prennent le dessus. Mais nous nous devons d'essayer de réfléchir rationnellement et de prendre la bonne décision, même si elle n'est pas la plus avantageuse pour nous sur le plan personnel. C'est tout le but de l'éthique appliquée.

Ingrid : Je ne pensais pas que les théories éthiques s'appliquaient à autant de domaines : la médecine, le droit, l'environnement, la politique, l'économie... Elles sont **partout** !

*Robert apporte aux trois amis des **boissons** fraîches. Il fait chaud à Paris aujourd'hui.*

Robert : De quoi est-ce que vous avez parlé aujourd'hui ?

Grégory : On a parlé d'éthique appliquée. Et d'intelligence artificielle.

Robert : Oh ! J'imagine qu'il y a eu des opinions très fortes à ce sujet.

Ingrid : Pourquoi ?

Robert : L'éthique appliquée applique la philosophie dans des situations réelles. Les gens ont tendance à avoir des opinions bien arrêtées sur ce genre de sujets. La guerre, la médecine, l'environnement... Ce sont des sujets très importants, et les gens débattent constamment dessus.

Émilie : Je comprends pourquoi Mr Aymard a attendu jusqu'à maintenant pour nous en parler. Maintenant que nous avons appris l'importance d'un débat respectueux, nous pouvons discuter de ces sujets-là. En philosophie, on n'essaie pas de **crier** plus fort que l'autre ; on écoute et on réagit de manière appropriée.

Robert : Tu as tout à fait raison. Il faut apprendre l'art du débat avant de s'engager dans des discussions sur des sujets émotionnels. Qu'avez-vous appris sur l'intelligence artificielle ?

Grégory : Nous nous sommes demandé si nous devions être **gentils** avec les robots ?

Robert : Ah ! Et qu'en pensez-vous ?

Ingrid : Pour moi, se comporter gentiment est toujours la meilleure chose à faire. Peu importe que ce soit avec une personne, un animal ou un robot. Je rejoins Kant sur ce sujet. Et je ne vois aucune raison valable d'être malpoli avec un robot. Si je suis gentille tout le temps, si c'est mon impératif catégorique, alors peu importe avec quoi ou avec qui, je me comporterai toujours gentiment.

Robert : Mais est-ce que le robot sait vraiment que tu es gentille avec lui ? Est-ce que ça fait une différence au robot si je lui dis « Apporte-moi un verre » au lieu de « Apporte-moi un verre, s'il te plaît » ? Comme un robot ne ressent pas de sentiments, je ne peux pas l'offenser ou le rendre triste. Il a été conçu pour apporter des boissons. A quoi ça sert de dire « s'il te plait » ou « merci » ?

Ingrid : Mais supposons qu'il ait des sentiments. Je croyais que tu étais existentialiste, Robert. Si je te traitais comme un robot quand tu nous sers à boire, tu n'aimerais pas ça. Si l'existence précède l'essence, comme disait Sartre, alors le robot existe avant d'être fait pour servir des boissons.

Robert : C'est un bon argument, mais les robots ne sont pas des êtres humains. Le robot distributeur de boissons a été conçu pour servir des boissons. Les paroles de Sartre ne s'appliquent pas à lui. Son existence et son essence sont la même chose. Autrement, je serais gentil avec lui… Juste parce que j'aurais peur qu'il m'attaque !

Grégory : Tu es conséquentialiste. J'ai dit exactement la même chose. Si être gentil avec le robot prévient que lui et les autres robots ne se retournent contre nous et conquièrent le monde… Bien sûr qu'on sera gentils avec les robots ! Mais tu as raison, Robert, ça dépend vraiment de si le robot sait que je suis gentil avec lui ou non. Il est conçu pour apporter des boissons. C'est ce qu'il fait. Un être humain n'est pas conçu pour faire quelque chose de spécifique. Nous nous créons nous-mêmes, en quelque sorte, et nous créons nos propres identités.

Émilie : Pour moi, la manière avec laquelle j'interagis avec le robot est une bonne pratique pour cultiver des vertus, comme la **gentillesse,** la générosité ou la justice. Que le robot sache ou non ce que je fais n'est pas important. Cette pratique m'aide à devenir une meilleure personne... À votre avis est-ce que les robots seront capables un jour de ressentir des émotions et de penser par eux-mêmes ?

Grégory : Ils le font déjà dans une certaine mesure. Les programmes d'échecs peuvent battre les adversaires humains, et les médias sociaux peuvent prédire ce que nous voulons voir et acheter.

Émilie : Mais ce n'est pas la même chose que réfléchir comme un humain. Et un ordinateur, un programme ou un robot ne peuvent pas ressentir d'émotions, ils ne pourraient pas se sentir heureux ou tristes même s'ils étaient programmés à donner des réponses prédéterminées sur le bonheur ou la tristesse. Un sentiment est totalement différent.

Robert : Mais c'est quoi pour toi « réfléchir », Émilie ? Un ordinateur est capable de réfléchir dans une certaine mesure quand il s'agit de donner des résultats à partir de données programmées. Il peut nous dire que 2+2=4. Mais tu as raison, ressentir une émotion et y réagir est totalement différent... Je suis soulagé que les ordinateurs ne puissent pas réfléchir, et je ne serai certainement pas gentil avec le mien quand il plantera pour la énième fois ce soir !

Robert retourne derrière le comptoir.

Ingrid : J'ai trouvé difficile de débattre de certaines questions qu'on a abordées en classe aujourd'hui. Surtout les situations qui touchent de vraies personnes. Je n'envie pas les gens qui doivent prendre des décisions éthiques dans la vraie vie, en médecine plus particulièrement.

Grégory : Quand les médecins prêtent le serment d'Hippocrate, ils promettent de ne jamais **nuire**.

Émilie : Mais ça peut être difficile dans certains cas. C'est comme Joseph Fletcher et son principe « d'agir avec amour ». Qu'est-ce que ça veut dire, « ne pas nuire » ? Et si par exemple un médecin a vingt patients à soigner, et qu'un des patients lui prenne tout son temps, aux dépens des autres ?

Ingrid : Ce sont des décisions difficiles. Mais le médecin sera obligé de prendre cette décision. Il devra réfléchir aux conséquences de ne pas prendre le temps nécessaire pour soigner un patient.

Grégory : Ou les conséquences de ne pas donner assez de temps aux autres patients.

Ingrid : Exactement... Un autre enjeu actuel important de l'éthique appliquée est l'environnement. L'éthique médicale ou l'éthique en entreprise n'affectent que certains individus, mais les questions environnementales nous concernent tous. Doit-on continuer à utiliser les énergies fossiles ? Doit-on prendre des vols moins chers ? Doit-on être végétariens ? Ce sont des questions importantes qui ont des conséquences sur notre avenir à tous.

Grégory : Je n'arrêterai pas de manger de la viande. Je n'ai pas de voiture et je marche. Mais j'aime la nourriture, surtout le steak tartare !

Émilie : Tu manges du steak tartare ? Mais c'est de la viande crue ! C'est **dégoûtant** !

Grégory : C'est cru, mais c'est délicieux. Il y a un restaurant au bord de la Seine qui fait le meilleur steak tartare que je n'aie jamais mangé.

Ingrid : Tu ne renoncerais donc pas à la viande pour le bien de l'environnement et des générations futures ?

Grégory : Je ne vois pas quelle différence ça ferait, quand partout sur la planète des gens créent des empreintes carbones énormes en prenant l'avion toutes les semaines, ou quand des usines brûlent des combustibles fossiles pour leur intérêt financier. Ce n'est pas mon choix de manger de la viande ou pas qui va faire une grande différence...

Ingrid : Mais si nous faisions tous ces changements, nous pourrions faire une grande différence. De petits changements pourraient avoir un impact important si nous faisions tous un effort. Mais je suis d'accord, les bénéfices économiques prennent bien trop souvent le pas sur les questions environnementales.

Émilie : Ne pas manger de viande n'est pas une mauvaise idée en soi, mais il faudra un changement beaucoup plus radical pour lutter contre la catastrophe environnementale qui s'annonce.

Grégory : Je me demande ce qu'aurait dit Kant.

Émilie : Il aurait probablement appliqué un impératif catégorique, comme par exemple « Toujours prendre soin de l'environnement ». Mais il est difficile d'appliquer une éthique principalement basée sur l'action quand il s'agit d'une situation environnementale. Beaucoup d'actions ne sont pas mauvaises en elles-mêmes, comme celle de réduire sa consommation de viande, par exemple, mais les conséquences seraient désastreuses si nous continuions à manger de la viande au rythme auquel nous le faisons.

Grégory : L'éthique appliquée consiste donc à déterminer si ce sont les actions ou les conséquences qui sont plus importantes dans un type de situation donné. Ça change selon les circonstances.

Émilie : C'est ça. Dans cette situation, nous savons bien à quelles conséquences s'attendre si nous ne changeons pas nos actions. Mais le problème, c'est que ce n'est pas juste une responsabilité individuelle. Nous devons tous changer nos actions pour **éviter** ces conséquences.

Ingrid : Ça fait peur d'imaginer ce qui risque de se passer si nous ne changeons pas nos actions.

Émilie : Oui. C'est le **défi** de l'éthique appliquée. C'est bien plus que de faire de la philosophie dans son fauteuil...

Points clés :

- *L'éthique appliquée est un domaine d'étude vaste qui englobe des sujets aussi divers que la médecine, le droit, le sport, la politique et l'environnement. L'application de théories éthiques telles que l'éthique basée sur l'action, le conséquentialisme ou la théorie de la vertu, à des situations de vie réelles peut produire des résultats intéressants. Les sujets en question sont souvent controversés et donnent lieu à des débats houleux. Il est important d'engager des discussions avec un esprit ouvert, même si nous ne sommes pas d'accord avec nos interlocuteurs. La plupart des gens basent leurs décisions éthiques sur des réactions émotionnelles, mais manquer de réflexion objective peut avoir des conséquences problématiques.*

Vocabulaire

échapper to escape
un bleu a bruise
une erreur a mistake
partout everywhere
crier to shout, scream
gentil / la gentillesse nice, kind / kindness
une boisson a drink
nuire to harm
dégoûtant disgusting
éviter to avoid
un défi a challenge

CHAPITRE QUATRE :
LA PHILOSOPHIE
DE LA RELIGION

Ingrid, Grégory et Émilie vont à la cathédrale Notre-Dame qui est en travaux de reconstruction depuis l'incendie qui l'a endommagée. Ils s'assoient sur un banc de la Place Jean Paul II et discutent de leur dernier cours de philosophie de la religion.

Émilie : J'adore Notre-Dame. Je me souviens de la première fois que je l'ai visitée quand j'étais petite. C'est dommage qu'elle soit fermée pour le moment. Je me demande à quoi elle ressemblera après les travaux.

Ingrid : Il parait qu'il y a beaucoup de controverses sur la façon de la restaurer. Certains veulent la reconstruire exactement comme elle était, et d'autres sont pour un design nouveau reflétant une perspective moderne.

Émilie : Quand on y pense, c'est le même débat en religion. Certains sont attachés aux points de vue traditionnels, et d'autres veulent moderniser les croyances pour les adapter à notre époque. Qu'est-ce que vous avez pensé du cours de philosophie des religions ? J'ai été étonnée de réaliser à quel point la religion avait encore un impact fort sur le monde dans lequel nous vivons... En Europe, nous vivons dans une société très **laïque**, et pourtant la religion joue toujours un rôle important, comme c'est le cas dans d'autres parties du monde.

Grégory : J'ai trouvé le cours très intéressant. Jusqu'à présent, je pensais que la philosophie de la religion n'avait que des arguments en faveur de l'existence de Dieu, comme ceux que nous avons appris quand nous avons étudié la philosophie médiévale.

Émilie : Mais ça ne se résume pas à ça. Certains sujets dont traite la philosophie de la religion sont le langage religieux, la façon dont nous parlons de Dieu, la problématique du mal, les miracles et l'existence de Dieu.

Ingrid : Tu crois aux miracles, toi, Émilie ? Je sais que tu es chrétienne, mais tu crois vraiment que les miracles se sont produits ?

Émilie : C'est difficile de croire à tous les miracles... Certains évènements qui à l'époque paraissaient être des miracles peuvent maintenant être expliqués par la science. D'autres restent inexpliqués. Mais dans l'ensemble, oui je crois aux miracles, et je crois que certaines personnes ont été miraculeusement guéries dans le passé...

Grégory : Tout dépend des **preuves**. C'est ce que diraient les empiristes, en tout cas.

Ingrid : Alors tu es du côté des empiristes maintenant ?

Grégory : Pas vraiment, non. Mais David Hume a défini un miracle comme la « **violation des lois** de la nature ». En général, on ne peut pas violer les lois de la science. À mon avis, la plupart des allégations de miracles sont fausses, parce il n'y a pas assez de preuves que ces lois aient véritablement été violées.

Émilie : Tu exclus donc totalement la possibilité que des miracles aient vraiment eu lieu ? Hume définit qu'un miracle est quelque chose qui va à l'encontre de la façon dont les choses sont généralement perçues. La question est de savoir si on accepte sa définition ou non. Si par exemple, l'eau éteint le feu quatre-vingt-dix-neuf fois sur cent, mais qu'elle ne le fait pas la centième fois, est-ce que c'est un miracle ?

Grégory : Un miracle est un acte de Dieu. Donc ça dépend principalement de l'existence de Dieu. Dans la Bible, un événement miraculeux est toujours attribué à Dieu.

Ingrid : Par conséquent, nous devons d'abord prouver l'existence de Dieu avant de pouvoir parler de manière significative des miracles.

Grégory : Mais est-il possible de parler de Dieu de manière significative ? C'est le point de départ de la philosophie de la religion. Est-ce qu'il y a un sens à parler de Dieu, du ciel ou des miracles ? Vous vous souvenez de la théorie de la correspondance de la vérité ? Selon cette théorie, si quelque chose ne correspond pas à la façon dont les choses sont dans le monde, il n'est pas possible d'en parler de manière significative. En d'autres termes, je ne peux pas voir le paradis ni en faire l'expérience ; par conséquent, en parler n'aurait aucun sens. C'est ce que diraient certains, comme Wittgenstein.

Émilie : Et pourtant, nous parlons de ces choses. Nous en avons des concepts. Nous imaginons Dieu, le ciel, les miracles, etc., et nous en parlons.

Grégory : Mais il y a une différence majeure entre parler de choses en rapport avec le monde concret et tangible autour de nous, et de choses qui dépassent notre expérience. C'est le point de vue des rationalistes. Descartes croyait en Dieu, mais il ne l'a pas expérimenté. Il croyait en Dieu parce que sa raison l'amenait à y croire.

Ingrid : Le problème, c'est qu'on utilise tout le temps le même type de langage. Nous ne faisons pas de différence entre la façon dont nous parlons du **bâtiment** de l'église et ce que l'Église représente. Le langage a des objectifs différents. La science pose des questions sur « comment » fonctionne le monde ; la religion et la philosophie posent des questions sur « pourquoi » il fonctionne de cette façon.

Émilie : Mr Aymard a donné l'exemple d'une forêt. Deux explorateurs sont dans la forêt et trouvent une clairière avec des fleurs et des petites plantes. Un des explorateurs avance qu'il doit y avoir un **jardinier** qui vient s'occuper de ces plantes ; mais l'autre n'est pas d'accord. Ils continuent d'attendre et d'observer, mais toujours pas de jardinier. Le premier explorateur suggère alors que le jardinier pourrait être invisible. Mais le deuxième explorateur n'est toujours pas d'accord.

Grégory : Je n'ai pas compris cet exemple.

Émilie : C'est l'exemple du philosophe britannique John Wisdom. La question était : comment distinguer un jardinier invisible d'un jardinier inexistant ? Tout dépend de notre perception et de notre interprétation. Un des explorateurs interprète ce qu'il voit comme la preuve de l'existence du jardinier ; l'autre nie cette idée. Peut-on s'opposer à une interprétation ? Il en est de même pour le langage religieux. C'est une manière particulière d'organiser nos visions du monde.

Grégory : Comme si on voyait les choses à travers une lentille ou un objectif différents ?

Émilie : Exactement. Ce que nous disons ou pensons à propos de la religion a du sens dans le contexte de notre vision du monde. Si vous êtes prédisposés à ne pas croire en Dieu, vous ne verrez pas Dieu en œuvre dans le monde. Mais si vous êtes chrétiens, vous interpréterez le monde à travers le prisme du christianisme. Nous avons tous des façons de penser les choses différentes qui n'ont pas toujours de sens pour les autres. Je suis chrétienne, je pense aux choses à travers le prisme chrétien, mais un bouddhiste verrait les choses très différemment.

Ingrid : Nous n'avons pas parlé de bouddhisme ni d'aucune autre philosophie orientale. Nous n'avons abordé que la pensée occidentale. Il ne faut pas oublier que les gens dans d'autres parties du monde ont des visions très différentes sur ces questions. Et pas seulement en matière de religion. Leur perspective philosophique tout entière nous paraîtrait bien différente.

Grégory : Dans quel sens ?

Ingrid : Si on prend comme exemple le temps. Dans la pensée occidentale, le temps est généralement considéré linéaire ; on le perçoit comme une ligne droite. Mais dans la pensée orientale, il est généralement perçu comme cyclique. Ces deux visions différentes ont des implications sur la vision que nous avons de nos vies. En Occident, nous pensons généralement à nos vies comme ayant un début et une fin, mais la pensée orientale la considère plutôt comme un cercle continu.

Émilie : Pourtant, je suis sûre que des Occidentaux ont dû considérer certaines choses comme cycliques. Nietzsche croyait à l'idée de l'éternel retour : quand nous mourons, nous répétons nos vies exactement comme avant. Machiavel pensait aussi que le temps pouvait être cyclique.

Ingrid : Ce que je voulais dire, c'est que c'était l'opinion dominante. Bien évidemment, des individus ont pu avoir des opinions différentes. Héraclite disait par exemple qu'il n'était pas possible de se baigner deux fois dans la même rivière. Tout est dans un état de changement et de mouvement constant. Je visualise ce concept comme une ligne droite qui avance. Ce ne sont pas des illustrations absolues, mais elles m'aident juste à imaginer et comprendre ces concepts.

Grégory : C'est vrai qu'on retrouve beaucoup de cercles dans l'art oriental. Je m'en suis rendu compte quand j'ai visité la Thaïlande il y a quelques années. C'est aussi lié à la réincarnation, il me semble...

Ingrid : En Hindouisme, on appelle ça *Samsara* : le cycle de la naissance, de la mort, de la vie et de la renaissance. Certaines traditions croient que la renaissance se déroule d'une manière différente à chaque fois. On peut renaître en animal, par exemple. Considérer le temps comme cyclique aboutit à une compréhension du fonctionnement du monde très différente. Nos vies reflètent l'évolution du monde. Tout est cyclique. C'est aussi ce que croyaient certains premiers philosophes grecs.

Émilie : Les saisons sont cycliques, la Terre tourne autour du soleil... Il y a finalement beaucoup de choses cycliques dans la nature. J'aimerais bien en apprendre plus à ce sujet.

Grégory : La Philosophie Orientale aborde sûrement plus ou moins les mêmes thèmes que ceux que nous avons abordés, mais leurs visions sont peut-être différentes.

Ingrid : Comme la problématique du Mal.

Grégory : Nous en avons parlé dans le cours sur Leibniz, non ?

Ingrid : Oui, mais Le Mal est un point au sujet duquel les philosophes et les théologiens continuent de débattre. C'est un thème central en philosophie de la religion. Si Dieu a créé le monde, et si Dieu est bon et **tout-puissant**, pourquoi y a-t-il du mal dans le monde ?

Grégory : Peut-être que Dieu n'est ni tout-puissant ni bon. Ou peut-être que l'idée que Dieu est contre le mal n'est pas correcte.

Ingrid : Et oui mais, le christianisme enseigne que Dieu est bon et tout-puissant, donc le problème du Mal est un vrai problème quand on est croyant. Qu'en penses-tu, Émilie ?

Émilie : C'est un grand problème en effet. Mais n'oublions pas que Dieu donne le **libre arbitre** aux humains. La liberté de choisir entre le Bien et le Mal. Nous avons parlé de Thomas d'Aquin et de la loi naturelle : Notre conscience peut nous conduire à la bonne décision, mais elle ne peut pas nous obliger à agir en conséquence.

Grégory : Ça voudrait dire que le Mal existe parce que certaines personnes choisissent de commettre des actions mauvaises ?

Émilie : Voilà... C'est comme le poème épique de John Milton, *Paradise Lost*. Il raconte l'histoire d'Adam et Ève et leur expulsion du jardin d'Éden pour avoir mangé le fruit de l'arbre défendu. C'est une histoire sur la lutte entre le Bien et le Mal. Saint Irénée[4] disait que le libre arbitre était une bonne chose. S'en servir nous donne l'opportunité de grandir et d'apprendre. Nous devons faire l'expérience du Bien et du Mal pour devenir de

---

[4] Saint Irénée qui était un évêque chrétien né en 130 ap. J.-C. Il a beaucoup contribué à définir la théologie et l'enseignement de l'Église. Originaire de l'actuelle Turquie, il a passé une grande partie de son ministère dans ce qui correspond aujourd'hui à la France.

meilleures personnes. Ce qui nous rend responsables de nos propres choix, tout comme Adam et Ève l'ont réalisé dans le livre de la Genèse.

Ingrid : Est-ce qu'il serait possible de comprendre le Bien sans le Mal ?

Émilie : Peut-être. Saint Augustin a dit pour sa part que le Bien et le Mal n'étaient en réalité pas des forces opposées. Le Mal est l'absence du Bien, de la même manière que les ténèbres sont l'absence de lumière. On ne peut pas nier la présence du Mal, on le voit partout : la guerre, le crime, les inégalités… La question est de savoir comment nous y réagissons. Si nous pouvons mener une vie marquée par le Bien, nous pourrions alors vaincre petit à petit le Mal qui existe dans le monde.

Grégory : Et Dieu alors ? Est-ce qu'il est **bienveillant** et tout-puissant ?

Wake : John Hick, un philosophe et théologien du XXème siècle, disait que le Mal était quelque chose à vaincre. Et Leibniz parlait du « meilleur des mondes possibles », pas d'un monde parfait. Dieu aurait pu créer un monde sans Mal, mais aurait-il été bienveillant de nous créer en tant que simples robots moraux programmés à toujours faire le Bien ? Peut-être que c'était mieux de nous laisser libres de prendre nos propres décisions sur ce qui est Bien et ce qui est Mal.

Ingrid : Malheureusement, on ne sait pas toujours quelle est la bonne décision...

Émilie : C'est là que la philosophie entre en jeu !

Grégory : Une nouvelle application pratique de la philosophie !

Vocabulaire

laïc secular
une preuve an evidence, a proof
violer une loi to break a law
le bâtiment a building
un jardinier a gardener
tout-puissant all-powerful
le libre arbitre to free will
bienveillant caring, considerate, loving

CHAPITRE CINQ :
L'ESTHÉTIQUE

Après leur classe, Ingrid, Grégory et Émilie vont visiter le musée du Louvre. Ils vont voir une exposition d'art moderne et certaines œuvres que Mr Aymard a mentionnées dans son cours sur l'esthétique.

Professeur Aymard : L'esthétique est une branche ancienne de la philosophie. Elle existe depuis que l'être humain est passé de la simple survie à la création d'objets pour le plaisir. Les anciennes peintures rupestres de Lascaux, en Dordogne, sont un des plus anciens exemples de création d'images à des fins de plaisir esthétique. Notre vieil ami Friedrich Nietzsche a dit un jour que « sans musique, la vie serait une erreur ». J'ajouterais que sans l'art, la musique, la peinture, la sculpture et le théâtre, nos vies seraient bien plus pauvres. L'esthétique ne consiste pas seulement à apprécier des **tableaux** ; elle parle de notre être même. Nous sommes des créatures qui voient **la beauté** dans le monde, et l'étude de l'esthétique nous aide à savoir apprécier cette beauté.

Ingrid : La beauté ne se trouve pas que dans l'art ?

Professeur Aymard : Non. Pensez à votre **paysage** préféré. Peut-être un champ de tournesols en Provence, ou des montagnes enneigées dans les Alpes... Il se trouve dans ces paysages autant de beauté que dans les meilleurs tableaux du Louvre. Il fut un temps où l'esthétique se résumait à la philosophie de l'art. Mais de nos jours, ceux qui étudient l'esthétique ont un questionnement plus large : Qu'est-ce que l'art ? À partir de quel moment est-ce qu'on peut parler d'art ? Comment est l'art ? Pourquoi est-ce que c'est de l'art ? C'est l'étude de nos sens. Je connais un philosophe qui a écrit un excellent article sur la théorie kantienne du goût du vin ! Ce qui m'amène à mon dernier point : Je vous ai donné une liste d'œuvres à observer et de questions à vous poser à leur sujet. Le Louvre est un musée plutôt classique. Vous n'y trouverez pas beaucoup d'art « moderne » mais vous y trouverez certains grands classiques de la peinture européenne. Ça m'intéressera d'entendre ce que vous en aurez pensé... Bonne journée à tous, et amusez-vous bien au Louvre !

Ingrid, Grégory et Émilie se dirigent vers le Louvre, un des plus grands musées de Paris et du monde. Ils peuvent le visiter gratuitement car ils ont moins de vingt-six ans.

Grégory : Du coup, aujourd'hui, nous ferons nous-mêmes de la philosophie.

Ingrid : Oui ! Vous vous rendez-compte que ça fait deux ans que j'habite à Paris, et je ne suis pourtant jamais allée au Louvre ?

Émilie : Sérieusement ? J'ai dû y aller au moins une centaine de fois. J'aime explorer les différentes parties du musée. Il y a tellement à voir, en plus des tableaux célèbres.

Grégory : Mais on se concentrera aujourd'hui sur la liste de tableaux que nous a donnée Mr Aymard.

Ingrid, Grégory et Émilie arrivent devant le portrait de la Joconde.

« Mona Lisa », Léonard de Vinci (entre 1503 et 1506)

Ingrid : En réalité, je n'aime pas ce tableau. Je n'aime ni son expression ni la façon dont elle est habillée ni... rien dans le tableau ne me plaît.

Grégory : Ça tombe bien, on est là pour parler d'esthétique et de philosophie de l'art. Le goût en fait partie. Pourquoi certaines personnes aiment-elles certaines œuvres, et d'autres pas ? Qu'est-ce qui rend un tableau **beau** ? Ce n'est pas parce que beaucoup le trouvent beau que nous penserons nécessairement la même chose.

Ingrid : Exactement. Nous percevons tous la beauté de manières différentes. Ou du moins, nous reconnaissons la beauté de manières différentes. C'est comme la nourriture. Certaines personnes aiment le goût d'un aliment, et d'autres pas. Cela ne veut pas dire que leurs goûts sont mauvais, mais simplement que des personnes différentes auront des préférences différentes.

Grégory : Comme dit Platon, cette peinture peut avoir des caractéristiques qui la rendent belle, mais ça ne veut pas dire qu'elle est complètement belle. Ça dépend de notre regard dessus.

Ingrid : Il faut savoir faire confiance à ses sens, et reconnaître que ce qu'ils diront sera différent d'une personne à l'autre. Quand je regarde ce tableau, je vois quelque chose que je n'aime pas, mais quand Émilie le regarde, elle voit quelque chose qu'elle aime.

Grégory : La beauté est donc dans l'œil du spectateur ?

Ingrid : C'est une façon de voir les choses... Quelle est la prochaine œuvre sur la liste de Mr Aymard ?

Émilie consulte la liste de Mr Aymard.

Émilie : *Vue d'intérieur*, par Samuel van Hoogstraten, également connue sous le nom de *The Slippers*.

*« Les **Pantoufles** », Samuel van Hoogstraten (entre 1642 et 1678)*

Grégory : J'aime bien ce tableau, mais on n'y voit pas grand-chose. C'est juste une pièce avec une paire de pantoufles près de la porte.

Émilie : Ça ressemble un peu à ta chambre, Grégory.

Grégory : Justement, ça ne dépeint rien d'important ou de significatif. C'est juste une pièce avec quelques **meubles**. C'est bien peint, mais c'est tout.

Ingrid : Mais est-ce que le but de l'art est de nécessairement montrer quelque chose de significatif ? Qu'en est-il des peintures abstraites ou des sculptures modernes ? Qu'est-ce qu'elles représentent ? Il ne suffit pas de savoir si on les aime ou pas...

Émilie : Et d'abord, qu'est-ce que c'est que l'art ? C'est une des questions qu'a posées Mr Aymard. Est-ce que l'art est restreint aux musées et aux galeries ? L'art n'est-il pas ce que nous identifions en tant que tel ?

Grégory : L'art c'est des peintures, des sculptures, des objets exposés dans les musées...

Ingrid : Uniquement parce que nous décidons de les identifier en tant qu'art. Certaines œuvres d'art sont controversées. Vous avez entendu parler de Marcel Duchamp ? C'est un artiste français qui a exposé un **urinoir** dans une galerie et l'a qualifié d'œuvre d'art.

Grégory : C'est bizarre, ça... Ce n'est pas de l'art.

Ingrid : Et pourtant, l'urinoir a été acheté pour près de deux millions de dollars ! Ce fut un des premiers exemples d'art contemporain. Mais je ne pense pas le voir exposé ici un jour ! Tout dépend de comment on définit l'art.

Émilie : Il y a encore une œuvre sur notre liste.

Les trois amis traversent le musée et arrivent devant la dernière œuvre d'art que Mr Aymard leur a demandé de voir.

Grégory : Ah, une sculpture ! C'est *la Vénus de Milo*, la sculpture la plus célèbre au monde, à côté du *David* de Michel-Ange.

Ingrid : Je me demande pourquoi Mr Aymard voulait qu'on l'observe... Elle est belle, ou du moins, son visage est beau, et son corps aussi. Mais la sculpture est cassée. Elle n'a pas de **bras**.

Émilie : Justement ! Certains pourraient se dire qu'elle est incomplète et se demander si une œuvre d'art incomplète est toujours considérée comme une œuvre d'art.

Grégory : Mais elle n'a pas été conçue pour être un objet d'art, il me semble... C'est la statue d'une déesse, probablement Vénus. Elle a été fabriquée à l'origine pour le **culte** religieux. La placer dans un musée lui donne un statut d'œuvre d'art, mais en réalité c'était un objet différent. Je me demande ce que penserait le sculpteur s'il la voyait maintenant. C'est pareil pour ce qu'on trouve dans les églises : beaucoup de ces objets finissent dans des musées. Nous en changeons l'utilité.

Ingrid : Mais c'est comme ça que nous les préservons aussi. On ne peut pas laisser des œuvres d'art dans des endroits où elles ne peuvent pas être correctement préservées et entretenues. Ça change peut-être notre façon de les voir et de les considérer, mais ça permet aux gens de les voir parce qu'elles sont bien conservées. C'est important, ça.

Émilie : Mais l'artiste ou le créateur peuvent-ils déterminer comment les autres verront l'œuvre qu'ils ont créée ? Le sculpteur a peut-être conçu cette statue pour le culte, mais nous la regardons différemment. Il y a tellement de façons différentes de voir une œuvre d'art. L'artiste peut nous révéler son intention initiale, mais nous pouvons aussi dire à l'artiste ce que nous, en tant que spectateurs, nous voyons.

Grégory : Une femme sans bras...

Ingrid : Mais elle est quand même très belle ! Allons visiter le reste du musée.

Points clés :

- *L'esthétique est la branche de la philosophie qui traite de l'art et de la beauté. Ce champ a commencé à s'élargir dernièrement pour inclure des questions liées aux sens et au goût. L'esthétique ne concerne pas seulement les peintures et ce qui est traditionnellement considéré comme de l'art, elle est aussi en rapport avec notre perception du monde et de ce qu'il contient, et les raisons derrière ces motivations. Le concept de ce qui est considéré comme « art » a récemment été remis en question par des mouvements modernes qui ont repoussé les limites de la vision traditionnelle de l'art. Ce qui est considéré comme art repose désormais sur la relation entre l'artiste et le spectateur, et la définition de l'art en lui-même est remise en question à mesure que de nouvelles frontières créatives sont explorées et dépassées.*

Vocabulaire

un tableau a painting, a frame
un paysage a landscape
beau / la beauté beautiful / the beauty
des meubles pieces of furniture
un urinoir an urinal
des pantoufles slippers
un bras an arm
le culte the worship

CHAPITRE SIX :
LA PHILOSOPHIE
POLITIQUE

*Ingrid, Grégory et Émilie marchent dans les jardins de l'université. Des étudiants sont en train de **manifester**, et l'un d'eux tend à Émilie **un dépliant** qui explique la raison des **manifestations**.*

Émilie : Ils manifestent contre l'augmentation des frais de scolarité. Ce dépliant dit qu'ils ont augmenté de dix pour cent au cours de la dernière année, mais les bourses n'ont par contre pas augmenté.

Ingrid : Oui, il faudra que je travaille plus au restaurant pour arriver à compenser l'augmentation des prix.

Grégory : Quel restaurant ? Je ne savais pas que tu travaillais dans un restaurant. Tu travailles et tu ne nous l'avais même pas dit !

Ingrid : J'ai eu **le poste** samedi après avoir passé **un entretien**. Je n'y ai travaillé que deux soirs pour l'instant. C'est le bistrot Chat Noir, rue Arbre Vert. Ils font un merveilleux soufflé au fromage. Je n'étais censée travailler que deux soirs par semaine, mais j'ai l'impression qu'il va falloir que je demande plus d'heures.

Émilie : Il faudra qu'on aille manger là-bas. J'adore le soufflé au fromage !

Grégory : Et il faudra que je demande à mes parents plus d'argent…

Ingrid : Et pourquoi tu ne travaillerais pas toi aussi, Grégory. Tu pourrais demander à Robert s'il y a un poste disponible dans son café ? Je suis sûr qu'il serait content de t'aider.

Grégory : Je n'ai jamais travaillé de ma vie. Je veux devenir journaliste. Je n'ai pas envie de servir du café et de faire la vaisselle.

Ingrid : On ne peut pas toujours avoir le travail qu'on veut. Parfois, on a juste besoin de gagner de l'argent.

Grégory : Et devenir esclave du capitalisme. Non merci.

Émilie : Tu tiens ça du cours de philosophie politique de Mr Aymard. Tu parles comme Karl Marx.

Grégory : Je ne suis pas communiste. Mais je pense que ce n'est pas juste qu'autant de personnes ne vivent que pour travailler. Il y a tellement de personnes exploitées dans le monde. On se vend pour des salaires **dérisoires**.

Émilie : Nous sommes tous **coincés** dans le même système. Et nous ne pouvons pas échapper à certaines obligations comme celle d'utiliser de l'argent, ou de vivre sous l'autorité de la loi. Nous sommes tous des individus, mais nous faisons partie d'un collectif. C'est ce que c'est que d'être citoyen.

Grégory : Ce sujet m'intéresse beaucoup. J'aimerais faire du journalisme politique, plus tard. Un citoyen a des droits au sein de la société, mais il a aussi des devoirs.

Ingrid : C'est ce que nous appelons un contrat social.

Grégory : C'est ça. Ce n'est pas un contrat que nous signons, mais c'est comme ça que nous schématisons nos droits et nos obligations en tant que citoyens d'une société. Nous payons par exemple des impôts qui financent les hôpitaux, les écoles, les retraites, etc. L'État, quant à lui, a des obligations comme celle d'assurer notre protection ou de nous fournir des vaccins. Mais il y a aussi des choses auxquelles nous devons **renoncer**...

Ingrid : Comme quoi par exemple ?

Grégory : Nous acceptons de respecter la loi. Ce qui veut dire que je ne peux pas conduire à deux cents kilomètres à l'heure dans le centre de Paris. Je serais en infraction de la loi et je risquerais d'être puni pour ça. Je renonce à certaines libertés pour le bénéfice de la société dans son ensemble. Si tout le monde roulait à deux cents kilomètres à l'heure dans Paris, on aurait de sérieux problèmes !

Ingrid : Qui détermine ces devoirs et ces bénéfices sociaux ? Comme tu l'as dit, on n'a pas signé de contrat. Mais nous ne pouvons pas choisir d'obéir aux lois ou pas. Qu'est-ce qui empêcherait quelqu'un avide de pouvoir de prendre le contrôle ?

Grégory : John Locke, l'empiriste, a défendu l'idée de contrat social. Mais il a précisé qu'un gouvernement ne pouvait agir qu'avec la volonté du peuple dans son ensemble. En d'autres termes, il prônait la démocratie. A son époque, la démocratie était une idéologie radicale. Donner une voix au peuple et gouverner en fonction de la majorité étaient des idées assez nouvelles. Même dans les pays qui se disaient démocratiques, seulement certains individus, les riches et ceux qui avaient du pouvoir, pouvaient voter. Les gens ordinaires participaient à peine.

Émilie : Et c'est pour ça qu'il y a des révolutions ? Comme ce fut le cas ici en France : Les gens du peuple ne pouvaient plus se nourrir ni trouver de travail. Ils accusaient les classes aristocratiques de vivre dans le luxe, pendant que le peuple mourait de faim.

Ingrid : La même chose s'est produite en Russie. Au cours du XIXème et au début du XXème siècle, les gens à travers l'Europe étaient déçus par leurs gouvernements composés d'élites au pouvoir très éloignées des besoins du peuple. Ils se sont donc tournés vers des systèmes politiques radicalement différents, comme le communisme, pour renverser des systèmes en place depuis longtemps.

Grégory : Il y a beaucoup d'idées et d'opinions sur les différents types de gouvernement, mais en pratique, elles ont toutes leurs **failles**. Dans *La République*, Platon avançait que les philosophes devaient être rois, mais ça n'aurait été qu'une autre forme de dictature.

Émilie : Les philosophes ne seraient-il pas de bons candidats pour gouverner ? Je pense que Mr Aymard serait un roi idéal.

Grégory : Ah ! Il obligerait tout le monde à lire Nietzsche ! Mais le problème, c'est qu'une seule personne ne peut pas parler pour tout le monde. C'est tout l'inverse de la démocratie, même si la démocratie telle qu'elle existe aujourd'hui est différente de celle qu'elle était à Athènes.

Ingrid : Ah bon ? Je pensais que c'était les Grecs qui avaient inventé la démocratie.

Grégory : Nous vivons dans une démocratie représentative. Nous votons pour une personne qui vote en notre nom pour un gouvernement. Ça dépend aussi de la région dans laquelle nous vivons. Des représentants des régions de France se réunissent pour prendre des décisions. Mais dans la Grèce antique, la démocratie était composée d'hommes qui votaient pour ce qu'ils voulaient. Ça impliquait des personnes qui avaient du pouvoir. Ça ne concernait pas vraiment le peuple.

Ingrid : Et il me semble que le système démocratique que nous avons est celui qui a le plus de popularité dans le monde.

Grégory : Probablement. Beaucoup de nations aspirent à être démocratiques. Mais il y a beaucoup d'autres types de gouvernements dans le monde : Il y a encore des pays communistes, des dictatures, des monarchies absolutistes, des pays où le droit de vote est limité à certains individus, etc.

Émilie : Agir dans l'intérêt de la majorité me paraît être de l'utilitarisme...

Grégory : C'est juste, mais un problème se pose. Qui peut dire ce qui intéresse la majorité ? Jean-Jacques Rousseau était un philosophe suisse qui croyait également à la théorie du contrat social. Mais contrairement à d'autres théoriciens, il voulait aussi préserver la liberté individuelle. Il disait que dans le cadre du contrat social, un individu doit se donner totalement à sa communauté. On trouve la liberté quand on se conforme à la volonté du collectif. Mais pour moi, ce n'est pas de la liberté, ça, bien au contraire. Et qui peut nous dire quelle est la volonté du peuple en général ? Tu as raison, Émilie, ce serait défendre le plus grand bien pour la majorité, mais ça remettrait en question la liberté de l'individu.

Ingrid : Je suis tellement heureuse de vivre dans un pays où nous sommes libres de mener notre vie comme on le souhaite, et d'avoir des droits - en plus de nos responsabilités, bien sûr. Nous avons des lois qui nous protègent et nous permettent de vivre dans une société juste.

Émilie : Ce n'est malheureusement pas toujours le cas. Chaque État a ses limites, et la France a eu dans le passé, et continue d'avoir, ses propres problèmes à traiter. Mais dans l'ensemble, c'est vrai, nous aspirons à la liberté.

Grégory : La justice est un autre point important en philosophie politique. Dans le cadre d'un contrat social, tout individu doit croire que la société dans laquelle il vit est juste et qu'elle nous traite équitablement.

Ingrid : Et ça commence par **l'égalité**. La déclaration d'indépendance des États-Unis souligne ce point. J'ai vécu en Californie quand j'étais petite, et on a dû l'apprendre à l'école : « Nous tenons ces vérités pour évidentes par elles-mêmes : que tous les hommes naissent **égaux** ; que leur créateur les a dotés de certains **droits** inaliénables, parmi lesquels la Vie, la Liberté et la recherche du Bonheur ». De nos jours, on utiliserait le terme « personnes » plutôt qu'« hommes ».

Grégory : John Rawls disait à peu près la même chose. Selon lui, lorsqu'un contrat social est établi, la société doit être gérée en se focalisant sur l'idée d'égalité. On ne doit prêter aucune attention à comment sont les gens, à leur richesse ou à leur statut. Il a donné comme exemple de justice l'équité. Une société juste est une société dans laquelle les ressources sont réparties équitablement et où chacun possède le droit fondamental à la liberté.

Ingrid : Ce sont de bonnes idées, mais elles me font plus penser à une utopie qu'à la réalité.

Émilie : C'est le problème avec les théories. Ce sont de bons concepts, à la base, mais la réalité peut être très différente. La nature humaine fait que nous n'agissons pas toujours comme nous devrions agir.

Grégory : Le mot « utopie » signifie littéralement « lieu qui n'existe pas ». Thomas More a écrit un livre intitulé *Utopia* où il défend précisément ce point. C'est un idéal qui n'existe pas. La société parfaite pour un individu serait un enfer pour un autre. J'imagine que la politique est toujours une question de compromis, et qu'elle dépend aussi beaucoup de si les gens remplissent leur part du contrat ou pas.

Points clés :

- *La philosophie politique est un sujet qui couvre non seulement des systèmes politiques tels que la démocratie ou le communisme, mais aussi des concepts tels que la liberté, la justice et l'État de droit. La plupart des théoriciens politiques ont proposé un « contrat social », cadre dans lequel un individu renonce à certains droits en échange de certains privilèges et protections. La mesure de liberté à laquelle on renonce et les bénéfices qu'on retire en retour fait débat. Les questions soulevées par la philosophie politique sont pertinentes depuis que les humains ont dépassé l'état de simple subsistance et se sont organisés en unités sociales.*

Vocabulaire

manifester / une manifestation to protest / a protest
un dépliant a leaflet
un poste a job
un entretien an interview
dérisoire ridiculously low
coincé stuck
renoncer to give up on something
une faille a fault, a flaw, a loophole
l'égalité / égal equality / equal
un droit a right

TROISIEME PARTIE : L'EXAMEN FINAL

LA FIN DU COURS

Ingrid, Grégory et Émilie finissent leur dernier cours avec Mr Aymard. Ils iront ensuite réviser pour l'examen. Ils sont tous tristes que le module de philosophie soit terminé, mais ils ont aussi hâte de reprendre leurs études.

Professeur Aymard : Je suis toujours triste quand le cours se termine. J'ai autant appris de vous que vous de moi, j'espère. La philosophie est un dialogue ouvert, et que l'on soit enseignant ou étudiant, on a tous quelque chose à y contribuer. L'examen final testera vos connaissances sur tout ce que nous avons appris : l'histoire de la philosophie de la Grèce antique jusqu'à nos jours, ainsi que les sujets d'applications de concepts philosophiques aux débats actuels.

Ingrid : Quel genre de questions est-ce qu'on aura ?

Professeur Aymard : En général, les examens testent vos connaissances sur un sujet en particulier, ou vous demandent d'appliquer une forme de raisonnement à un problème donné. Mais les examens de philosophie sont un peu différents. Imaginez que je vous demande : qu'est-ce que le mal ? Quelle serait une bonne réponse ?

Émilie : L'absence de bien, non ?

Professeur Aymard : Ce ne serait que le début d'une réponse. Les questions peuvent vous paraître simples et inviter à exprimer votre opinion, mais ce qu'on attend de vous en fait c'est de **rapporter** les opinions d'autres philosophes, tout en les intégrant dans une réponse qui reflète votre propre compréhension du sujet. Certaines questions peuvent simplement vous demander de décrire la pensée d'un philosophe sur un sujet en particulier. Mais d'autres questions seront plus ouvertes : Pourquoi devrions-nous faire ce qu'il faut ? Qu'est-ce que la beauté ? Est-ce que la vérité existe ?

Ingrid : On aura beaucoup à **réviser** !

Émilie : On a couvert beaucoup de matières.

Ingrid : Et toutes ces matières sont connectées.

Professeur Aymard : La philosophie est un **parcours** qui ne s'arrête jamais. Contrairement à d'autres matières, il n'y a pas de moment en philosophie où vous savez tout ce qu'il y a à savoir sur un sujet. Même quelqu'un comme moi, qui a étudié la philosophie toute sa vie, peut avoir de nouvelles idées ou voir les choses différemment. C'est pour ça que c'est une discipline fascinante. Elle ne se termine jamais !

Ingrid, Grégory et Émilie disent au revoir à Mr Aymard et vont au Café de Flore, où ils retrouvent Robert.

Robert : C'était votre dernier cours, pas vrai ? Et vous devez vous préparer à l'examen maintenant.

Émilie : Et oui !

Robert : Super ! Ça se passera bien, j'en suis sûr. Je vous apporte du gâteau au chocolat, comme d'habitude !

Grégory : Je vais écrire un article sur le module de philosophie pour le journal de l'Université. Je veux que tout le monde sache pourquoi étudier la philosophie est une bonne idée !

Ingrid : Ton opinion a bien changé. Tu es content d'avoir suivi ce module jusqu'à la fin, non ?

Grégory : Ah oui !

Émilie : Et moi aussi. J'aimerais continuer à en apprendre plus sur la philosophie.

Ingrid : Nous pouvons bien sûr continuer à apprendre. Il y a beaucoup de livres sur tous les sujets que nous avons abordés en cours. Et en plus, on peut en parler ensemble quand on veut.

Émilie : Le cours n'était que le début d'un long parcours !

Ingrid : Exactement !

*Ingrid, Grégory et Émilie sont en train de passer l'examen. Ils ont tous travaillé dur pendant ce semestre. Grégory, en particulier, est surpris d'avoir apprécié ce module bien plus que ce qu'il ne l'aurait imaginé. Il observe la **salle** de classe, et se dit : « Cette salle d'examen est-elle réelle ? Je dois penser à ce que d'autres philosophes auraient à dire sur cette question, raisonner moi-même dessus, et appliquer ce que j'ai appris à cette situation. C'est donc une question de... rationalisme et d'empirisme, non ? Bien sûr, c'est ça ! Est-ce que cette salle d'examen est réelle ? Eh bien... Descartes se demanderait si on peut faire confiance à ses sens pour déterminer si elle est réelle ou pas. Je pourrais douter de mes sens et douter que la pièce existe. Les empiristes, quant à eux, défendraient l'inverse. Ils diraient que je peux faire confiance à mes sens, même si l'information n'est pas entièrement exacte. C'est ça... Je pourrais aussi appliquer la pensée de Kant... Je pense que je défendrai d'abord une position sceptique en doutant de l'existence de la salle, mais je ferai ensuite référence à Wittgenstein et parlerai de ce dont nous pouvons être sûrs... »*

*Après l'examen, Ingrid, Grégory et Émilie vont au Café de Flore pour manger une part de gâteau bien **méritée**.*

Ingrid : A quelles questions est-ce que vous avez répondu ? On a eu pas mal d'options, finalement.

Émilie : J'ai choisi la question sur la philosophie de la religion, la problématique du Mal, celle sur les femmes en philosophie et celle sur la logique.

Ingrid : Super ! Je pensais pourtant que la logique était la partie du cours que tu avais le moins aimé.

Émilie : C'est vrai, et c'est pour ça que je l'ai révisée plus que les autres. Et toi Grégory ? Quelles questions est-ce que tu as choisies ?

Grégory : « Est-ce que cette salle d'examen est réelle ? » J'ai présenté les visions rationalistes et empiristes, et puis j'ai conclu avec la synthèse kantienne. Cette dissertation m'a vraiment plu, ce qui est bizarre, parce que qui aime les examens ?

Ingrid : C'était différent des autres examens. J'avais l'impression de rédiger une conversation avec des amis. Les philosophes et moi-même discutions du sujet, et j'écrivais ce que tout le monde disait...

Grégory : J'ai vraiment aimé la philosophie bien plus que ce que j'aurais pensé !

Robert apporte les cafés.

Robert : Et maintenant ? Est-ce que vous allez reprendre vos études ?

Émilie : Ces leçons de philosophie feront certainement de moi une meilleure enseignante. J'ai hâte de partager ce que j'ai appris avec mes élèves.

Ingrid : Et moi, j'ai appris à mieux raisonner et réfléchir. Je réfléchirai donc mieux à n'importe quel sujet que j'étudierai.

Robert : Et toi, Grégory ? Comment est-ce que tu vas te servir de la philosophie dans ta vie ?

Grégory : J'ai discuté avec Mr Aymard cet après-midi après l'examen. J'ai décidé de continuer d'étudier la philosophie. Je **laisse de côté** mes projets de journalisme, et je vais commencer un projet de recherche sur Nietzsche. Je finirai peut-être par travailler à l'université.

Ingrid : Quelle surprise, Grégory !

Grégory : C'est bien une chose que j'ai apprise en philosophie : On peut toujours être surpris quand on explore et découvre les pensées et les actions des autres.

Robert : Félicitations, Grégory. Peut-être qu'un jour c'est toi qui enseigneras ce même cours de philosophie...

Vocabulaire

rapporter to report
réviser to review
un parcours a journey, a path
une salle a room
mériter to deserve
laisser de côté to put aside

GLOSSAIRE

Analytique : Tradition philosophique née dans le monde Anglo-saxon, elle a principalement trait à la logique et aux théories sur la connaissance.

Apeiron : Anaximandre croyait que la substance fondamentale constituant le monde était l'Apeiron. Ce mot veut dire « illimité » ou « indéfini ».

Cartésien : Ce qui se rapporte à Descartes.

Conséquentialiste : Théorie éthique qui se concentre sur les conséquences d'une action pour en déterminer la valeur morale.

Continentale : Tradition philosophique associée à l'existentialisme et à la phénoménologie. Elle est différente de la philosophie analytique.

Contrat social : Idée politique développée par des penseurs comme Thomas Hobbes et John Locke. Dans un contrat social, un citoyen renonce à certains droits et obtient la protection et des privilèges de l'État.

Cosmologique : En rapport avec l'origine de l'univers.

Credo de Nicée : Expression de la foi chrétienne. Il est récité dans les églises à la messe du dimanche. Il fut créé suite au Concile de Nicée en 325 après JC.

Cynique : École de pensée semblable au stoïcisme, selon laquelle le but de la vie est la poursuite de la vertu en harmonie avec la nature.

Déontologique : Théorie éthique qui donne la priorité aux actions plutôt qu'aux conséquences.

Dualiste : Croyance que l'esprit et le corps sont deux entités distinctes.

Empirisme : L'inverse du rationalisme. Les empiristes soulignent l'importance des sens pour obtenir une connaissance réelle du monde.

Épicurisme : Courant de pensée philosophique qui privilégie la recherche du plaisir, notamment le plaisir intellectuel.

Esthétique : Philosophie de l'art. L'esthétique pose des questions sur la beauté et sur l'art. Elle prend également en considération le rôle des sens et les théories du goût et des préférences.

Éthique situationnelle : Théorie éthique développée par Joseph Fletcher dans les années 1960. Selon lui, « faire la chose la plus aimante » est le seul critère nécessaire pour prendre une décision éthique.

Existentialiste / Existentialisme : École de pensée philosophique qui soutient que « l'existence précède l'essence ». Pour les existentialistes, une personne n'est pas définie par ce qu'elle fait, mais par ce qu'elle est.

Hédonistes / Hédonisme : Vision philosophique qui met l'accent sur la poursuite du plaisir mondain. Plus précisément, l'hédonisme est une théorie morale qui valorise l'action en fonction du plaisir qui en découle.

Idéaliste / Idéalisme : Vision philosophique selon laquelle les objets du monde qui nous entoure dépendent de l'activité de l'esprit. L'évêque George Berkeley était un défenseur de l'idéalisme.

La chose en soi : Essence fondamentale d'une chose. Concept particulièrement associée à Emmanuel Kant.

L'impératif catégorique : La certitude morale applicable en tout temps, en tout lieu et à tous. Concept associé à Emmanuel Kant.

Logique : Étude des arguments rationnels et de la structure du raisonnement.

Médiocrité dorée / Milieu doré : Idée d'Aristote sur l'éthique de la vertu. Le milieu doré est le juste milieu entre les vertus excessives et déficientes. Le courage, par exemple, serait le juste milieu entre la lâcheté et l'insouciance.

Monades : Théorie de Leibniz à propos de la substance ultime et indivisible fondamentale de tout. Les monades sont des entités théoriques.

Noumenon : La chose en soi, ce que et comment elle est vraiment (Par exemple : ce que veut dire « être un arbre »).

Ontologique : Ce qui se rapporte à l'être.

Panthéisme : Point de vue qui définit Dieu comme identique à l'univers. Spinoza était panthéiste.

Panthéon : Dans les religions antiques, un panthéon était un groupe de dieux souvent représentés sous forme humaine et avec des rôles spécifiques à jouer. Par exemple, dans la religion grecque antique, Zeus était le souverain des dieux et le dieu du ciel.

Phénomène : Aspects observables du monde, connaissables par les sens. (Par exemple : un arbre).

Rationaliste : Position philosophique qui met l'accent sur l'utilisation de la raison pour parvenir à des conclusions définitives. La citation « Je pense, donc je suis » de Descartes est un exemple de philosophie rationaliste.

Scolastique : Mouvement philosophique dominant au Moyen-âge. La philosophie est devenue subordonnée à la théologie et fut instrumentalisée par l'apologétique chrétienne.

Stoïcisme : École de pensée philosophique qui enseignait la nécessité de cultiver les vertus pour atteindre le bien ultime.

Synthèse : Selon Kant, notre expérience et notre raison permettent de faire une synthèse entre les perceptions et les concepts. Un concept sans expérience n'est qu'un fantasme, tandis qu'une expérience sans concept est impossible à comprendre.

Tabula rasa : Une « table rase ». Pour John Locke, nos esprits sont à la naissance comme une ardoise vierge en attente d'être remplis de connaissance par les sens. Nous ne naissons pas avec une connaissance innée.

Théodicée : Tentative d'explication de la bonté de Dieu malgré l'existence du mal.

Trinité : Croyance que Dieu est à la fois un et trinitaire : Le Père, Le Fils et Le Saint-Esprit.

Utilitarisme : Théorie éthique qui considère « le plus grand bien pour le plus grand nombre » comme critère de résolution des questions morales.

BIBLIOGRAPHIE

Ayer, Alfred Jules. *Hume*. Oxford University Press. (1980).

Blackburn, Simon. *Oxford Dictionary of Philosophy*. Oxford University Press. (1994).

Blackburn, Simon. *Think*. Oxford University Press. (1999).

Cessario, Romanus. *Introduction to Moral Theology*. The Catholic University of America Press. (2001).

Critchley, Simon. *Continental Philosophy, a Very Short Introduction*. (2001).

Davies, Brian. *An Introduction to the Philosophy of Religion*. Oxford University Press. (1982).

Davies, Brian. *Philosophy of Religion, a Guide and Anthology*. Oxford University Press. (2000).

Davies, Stephen. *The Philosophy of Art*. Blackwell Publishing. (2006).

Ed. LaFollette, Hugh. *Ethics in Practice*. Blackwell Publishing. (2007).

Eds. Ariew, Roger & Watkins, Eric. *Modern Philosophy. An Anthology of Primary Sources*. Hackett Publishing. (1998).

Guthrie, W.K.C. *The Greek Philosophers*. Routledge. (1950).

Heil, John. *Philosophy of Mind, a Guide and Anthology*. Oxford University Press. (2004).

MacCulloch, Diarmaid. *A History of Christianity*. Penguin. (2009).

Magee, Bryan. *The Great Philosophers*. BBC Books. (1987).205

Miller, David. *Political Philosophy, a Very Short Introduction.* Oxford University Press. (2003).

Moran, Dermot. *Introduction to Phenomenology.* Routledge. (2000).

Nagel, Thomas. *What Does it All Mean? A Very Short Introduction to Philosophy.* Oxford University Press. (1987).

Osborne, Richard. *Philosophy for Beginners.* Writers and Readers Publishing. (1992).

Pears, David. *Wittgenstein.* Fontana. (1971).

Read, Stephen. *Thinking about Logic. An Introduction to the Philosophy of Logic.* Oxford University Press. (1995).

Robinson, Dave & Groves, Judy. *Introducing Philosophy.* Icon Books. (1999).

Russell, Bertrand. *History of Western Philosophy.* Routledge. (1946).

Sartre, Jean Paul. *No Exit and Three Other Plays.* Vintage International. (1989).

Solomon, Robert. C. *Introducing Philosophy, a Text with Integrated Readings.* Oxford University Press. (2005).

Sullivan, Roger. J. *An Introduction to Kant's Ethics.* Cambridge University Press. (1994).

Thompson, Mel. *Teach Yourself Philosophy.* Hodder & Stoughton. (2000).

Vardy, Peter & Grosch, Paul. *The Puzzle of Ethics.* Harper Collins. (1994).

Vardy, Peter. *The Puzzle of God.* Harper Collins. (1999).

Warburton, Nigel. *Philosophy: the Basics.* Routledge. (1992).

Welshon, Rex. *The Philosophy of Nietzsche.* Acumen Publishing. (2004).

Wolff, Jonathan. *An Introduction to Political Philosophy.* Oxford University Press. (1996).

FIN

THANKS FOR READING!

I hope you have enjoyed this book and that your language skills have improved as a result!

A lot of hard work went into creating this book, and if you would like to support me, the best way to do so would be to leave an honest review of the book on the store where you made your purchase.

Want to get in touch? I love hearing from readers. Reach out to me any time at *olly@storylearning.com*

To your success,

Olly Richards

MORE FROM OLLY

If you have enjoyed this book, you will love all the other free language learning content I publish each week on my blog and podcast: *StoryLearning*.

Blog: Study hacks and mind tools for independent language learners.

www.storylearning.com

Podcast: I answer your language learning questions twice a week on the podcast.

www.storylearning.com/itunes

YouTube: Videos, case studies, and language learning experiments.

www.youtube.com/ollyrichards

COURSES FROM
OLLY RICHARDS

If you've enjoyed this book, you may be interested in Olly Richards' complete range of language courses, which employ his StoryLearning® method to help you reach fluency in your target language.

Critically acclaimed and popular among students, Olly's courses are available in multiple languages and for learners at different levels, from complete beginner to intermediate and advanced.

To find out more about these courses, follow the link below and select "Courses" from the menu bar:

www.storylearning.com/courses

"Olly's language-learning insights are right in line with the best of what we know from neuroscience and cognitive psychology about how to learn effectively. I love his work!"

Dr. Barbara Oakley,
Bestselling Author of "A Mind for Numbers"

Printed in Great Britain
by Amazon

58701338R00131